Die Städteordnung von 1853 in ihrer heutigen Gestalt

nebst dem Kommunalabgabengesetz und Nebengesetzen

von

R. Zelle,

weiland Oberbürgermeister von Berlin.

Vierte, nach des Verfassers Tode durchgesehene Auflage.

Springer-Verlag Berlin Heidelberg GmbH
1903.

ISBN 978-3-662-36026-2 ISBN 978-3-662-36856-5 (eBook)
DOI 10.1007/978-3-662-36856-5

Vorbemerkung zur vierten Auflage.

Als eigentlicher Kommentar ist die zuerst im Jahre 1887 vom verewigten Oberbürgermeister Zelle veranstaltete Ausgabe der Städteordnung wohl nie in Betracht gekommen. Während die Anmerkungen in knapper Form nur wichtigere Punkte erläuterten, wurde mit jener Ausgabe ziemlich zuerst der Versuch gemacht, an der Hand der neueren Verwaltungsgesetzgebung den Text der Städteordnung durch gesperrt gedruckte Einschaltungen zu emendieren. Willkürlichkeiten sind dabei nicht ganz zu vermeiden. Man kann z. B. zweifelhaft sein, ob es angemessen ist, in die alte Struktur neue Paragraphen, wie einen § 5a oder 74a aufzunehmen. Auch wird es unerläßlich sein, bei neu auftauchenden oder unerledigten Streitfragen auf die Grundtexte des alten und des neu in Betracht kommenden Gesetzmaterials mit ihren Zusammenhängen zurückzugehn.

Der Grund, weshalb der Aufforderung des Verlegers zur Veranstaltung einer neuen Ausgabe stattgegeben wurde, ist indes in lokalen Verhältnissen zu suchen. Durch eine Magistratsverfügung vom 7. März 1878 ist u. a. angeordnet worden,

> daß alle unbesoldeten Kommunalbeamten, mit Einschluß der Schiedsmänner, außer den für die bezüglichen Ämter gegebenen Instruktionen, Regulativen, Geschäftsanweisungen u. s. w. auch ein Exemplar der Städteordnung erhalten sollen.

Für den Bereich der Schul- und Armenverwaltung wurde später die Mitteilung einer Städteordnung auf die Vorsteher der Kommissionen und ihre Stellvertreter beschränkt; hier füllt die Zellesche Ausgabe noch immer ihren Platz aus, da zur Erfüllung des gedachten Zweckes auch die inzwischen erschienenen mittleren Kommentare noch zu umfangreich sind.

Den, den bisherigen Anhang bildenden Steuergesetzen:

dem Kommunalabgabengesetze vom 14. Juli 1893 (S. 61),

den Gesetzen betr. die Heranziehung von Militärpersonen zu den Gemeindeabgaben vom 29. Juni 1886 und 22. April 1892 (S. 103) sowie

der Verordnung betr. die Heranziehung der Staatsdiener zu den Kommunalauflagen vom 23. September 1867 (S. 107)

ist, weil zweimal zitiert, das V. G. wegen Vermeidung der Doppelbesteuerung vom 13. Mai 1870 (S. 111) hinzugefügt worden.

Von den neueren Gesetzen, welche seit dem Erscheinen der letzten Ausgabe (1896) Änderungen gebracht haben, ist das Kommunalbeamtengesetz vom 30. Juli 1899 bei den §§ 56, 64 und 65 und das Gesetz vom 30. Juni 1900, betr. die Bildung der Wählerabteilungen bei den §§ 13, 14 und 24 berücksichtigt worden.

Da die Städteordnung überwiegend den Charakter einer Textausgabe trägt, so war auch für die Änderung und Ergänzung der Noten zum Kommunalabgabengesetz größere Beschränkung geboten.

Die Tabelle der Ausführungs-Anweisung betr. das Verhältnis der Real- und Einkommensteuerbelastung nach § 54 KAG. ist als Anlage V (S. 112) hinzugefügt worden.

Berlin, im März 1903.

Tourbié, Stadtrat.

Abkürzungen.

AusfAnw. = Ausführungs-Anweisung.
B. = Buch.
Bd. = Band.
Dekl. = Deklaration.
G. = Gesetz.
KAG. = Kommunal-Abgaben-Gesetz (v. 14. 7. 93).
KBG. = Kommunal-Beamten-Gesetz.
KO. = Allerhöchste Kabinets-Ordre.
KrO. = Kreis-Ordnung (v. 13. 12. 72).
LGO. = Landgemeinde-Ordnung für die 7 östlichen Provinzen (v. 3. 7. 91).
LVG. = Gesetz über die allgemeine Landesverwaltung (v. 30. 7. 83).
MBl. = Ministerial-Blatt für die innere Verwaltung.
MR. = Ministerial-Reskript.
O. = Ordnung (z. B. SteuerO. = Steuer-Ordnung).
OTr. = Ober-Tribunal.
OVG. = Ober-Verwaltungsgericht.
PVBl. = Preußisches Verwaltungs-Blatt.
RG. = Reichsgesetz.
RGer. = Reichsgericht.
ROHandGer. = Reichs-Ober-Handelsgericht.
StO. = Städte-Ordnung (v. 30. 5. 53).
V. = Verordnung.
ZG. = Gesetz über die Zuständigkeit der Verwaltungs- und Verwaltungsgerichts-Behörden (v. 1. 8. 83).

Städteordnung

für die Provinzen

(Ost- u. West-) Preußen, Brandenburg, Pommern, Schlesien, Posen und Sachsen.

Vom 30. Mai 1853.

---

§ 1.

(Enthält Einführungs-Bestimmungen, die jetzt veraltet sind.)

Titel I.

Von den Grundlagen der städtischen Verfassung.

§ 2.

Den städtischen Gemeindebezirk (Stadtbezirk) bilden alle diejenigen Grundstücke, welche demselben bisher angehört haben.

Grundstücke, welche bisher noch keinem Gemeinde- oder selbstständigen Gutsbezirke angehört haben, können nach Vernehmung der Betheiligten und nach Anhörung des Kreistages durch Beschluß des Bezirksausschusses[1]) mit dem Stadtbezirk vereinigt werden. (ZG. § 8.)

Eine Vereinigung eines ländlichen Gemeinde- oder eines selbständigen Gutsbezirks mit einer Stadtgemeinde kann nach Anhörung

---

[1]) Für die Stadt Berlin tritt an die Stelle des Bezirksausschusses in Beschlußsachen (im Gegensatz zu Verwaltungsstreitsachen, bei denen auch in Berlin der Bezirksausschuß entscheidet) der Oberpräsident (LVG. § 43). Die einzelnen Fälle, in denen dies geschieht, sind hier überdies noch durch Anmerkungen kenntlich gemacht. Für den hier in Rede stehenden § 2 der StO. vgl. auch § 41 LVG., wonach der Oberpräsident von Berlin zugleich Oberpräsident der Berlin umschließenden Provinz Brandenburg ist, also in diesen Differenzen zwischen Berlin und der anderen Provinz wohl entscheiden kann.

der betheiligten Gemeinde und des Gutsbesitzers sowie des Kreistages und des Bezirksausschusses mit Königlicher Genehmigung erfolgen, wenn die Betheiligten hiermit einverstanden sind. Wenn ein Einverständniß der Betheiligten nicht zu erzielen ist, so ist die Zustimmung derselben, sofern das öffentliche Interesse dies erheischt, im Beschlußverfahren nach erfordertem Gutachten des Kreistages durch den Bezirksausschuß[1]) zu ersetzen. Gegen den Beschluß des Bezirksausschusses[1]) steht den Betheiligten und nach Maßgabe des § 123 des Gesetzes über die allgemeine Landesverwaltung vom 30. Juli 1883 (Gesetz-Samml. S. 195) dem Vorsitzenden des Bezirksausschusses die weitere Beschwerde an den Provinzialrath zu. Erachtet der Oberpräsident das öffentliche Interesse durch den Beschluß des Provinzialrathes für gefährdet, so steht demselben in der gleichen Weise (§ 123 a. a. O.) die Beschwerde an das Staatsministerium offen. Der mit Gründen zu versehende Beschluß des Staatsministeriums ist dem Oberpräsidenten behufs Zustellung an die Betheiligten zuzufertigen. (LGO. § 2 Nr. 6, 3.)

Die Abtrennung einzelner Theile von einem Stadtbezirk und deren Vereinigung mit einem angrenzenden Gemeinde- oder selbständigen Gutsbezirk, sowie die Abtrennung einzelner bisher zu einer anderen Gemeinde oder zu einem selbständigen Gute gehörender Grundstücke und deren Vereinigung mit einem angrenzenden Stadtbezirk kann nach erfordertem Gutachten des Kreistages durch Beschluß des Bezirksausschusses[1]) vorgenommen werden, wenn außer den Vertretungen der betheiligten Gemeinden und den betheiligten Gutsbesitzern auch die Eigenthümer jener Grundstücke darin einwilligen, oder wenn beim Widerspruche Betheiligter das öffentliche Interesse es erheischt. Gegen den Beschluß des Bezirksausschusses steht den Betheiligten, und dem Vorsitzenden des Bezirksausschusses die Beschwerde an den Provinzialrath[1]), und

[1]) In Berlin zuständig der Oberpräsident.

gegen den Beschluß des Provinzialraths dem Oberpräsidenten die fernere Beschwerde an das Staatsministerium nach Maßgabe des Abs. 3 offen. Soll aus den abgetrennten Grundstücken ein neuer Gemeinde- oder Gutsbezirk gebildet werden, so ist die Königliche Genehmigung erforderlich. (LGO. § 2 Nr. 6, 4.)

Ein öffentliches Interesse im Sinne des Abs. 3 und 4 ist nur dann als vorliegend anzusehen,

a) wenn Landgemeinden oder Gutsbezirke ihre öffentlich-rechtlichen Verpflichtungen zu erfüllen außer Stande sind.

Bei Beurtheilung dieser Frage sind Zuwendungen, welche Gemeinden und Gutsbezirken vom Staate oder größeren Kommunalverbänden zustehen, nicht als bestimmend zu erachten,

b) wenn die Zersplitterung eines Gutsbezirks oder die Bildung von Kolonien in einem Gutsbezirke die Abtrennung einzelner Theile desselben und deren Zuschlagung zu einer Stadtgemeinde nothwendig macht,

c) wenn in Folge örtlich verbundener Lage mehrerer Landgemeinden oder von Gutsbezirken oder Theilen derselben mit Stadtgemeinden ein erheblicher Widerstreit der kommunalen Interessen entstanden ist, dessen Ausgleichung auch durch Bildung von Verbänden im Sinne der §§ 128 ff. LGO. 3. Juli 91 nicht zu erreichen ist. (LGO. § 2 Nr. 5.)

In den vorstehend bezeichneten, der Königlichen Genehmigung unterliegenden Fällen ist vor deren Erwirkung der Beschluß des Bezirksausschusses[2]) oder

---

[1]) In Berlin tritt an Stelle des Provinzialrates in den Fällen, in welchen derselbe in 1. Instanz beschließt, der Oberpräsident, in den übrigen Fällen der zuständige Minister (LVG. § 43).

[2]) In Berlin des Oberpräsidenten.

des Provinzialraths[1]), sowie das Gutachten des Kreistags den Betheiligten mitzutheilen. (LGO. § 2 Nr. 7.)

Ueber die in Folge solcher Veränderungen nothwendig werdende Auseinandersetzung zwischen den Betheiligten beschließt der Bezirksausschuß[2]), vorbehaltlich der den Betheiligten gegen einander zustehenden Klage im Verwaltungsstreitverfahren bei dieser Behörde[3]).

Bei dieser Auseinandersetzung sind erforderlichen Falles Bestimmungen zur Ausgleichung der öffentlichrechtlichen Interessen der Betheiligten zu treffen. Insbesondere können einzelne Betheiligte im Verhältniß zu anderen Betheiligten, welche für gewisse kommunale Zwecke bereits vor der Vereinigung für sich allein Fürsorge getroffen haben, oder solche Betheiligte, welche vorwiegend Lasten in die neue Gemeinschaft bringen, zu Vorausleistungen verpflichtet werden. Auch kann, wenn eine Gemeinde oder der Besitzer eines Gutsbezirks durch die Abtrennung von Grundstücken eine Erleichterung in öffentlich-rechtlichen Verpflichtungen erfährt, der Gemeinde, welcher, oder dem Gutsbezirke, welchem jene Grundstücke einverleibt werden, ferner der neuen Gemeinde oder dem neuen Gutsbezirk, welche aus letzteren gebildet werden, eine Beihülfe zu den ihnen durch die Bezirksveränderung erwachsenden Ausgaben bis zur Höhe des der anderen Gemeinde oder dem Gutsbesitzer dadurch entstehenden Vortheils zugebilligt werden. Im Falle der Vereinigung von Gemeinden geht das Vermögen derselben auf die neugebildete Gemeinde über. (LGO. § 3.)

Privatrechtliche Verhältnisse dürfen durch dergleichen Veränderungen niemals gestört werden.

Eine jede solche Veränderung ist durch das Amtsblatt bekannt

---

1) In Berlin des Ministers d. I.

2) In Berlin der Oberpräsident.

3) Für das Verwaltungsstreitverfahren ist hier für Berlin das OVG. zuständig. (ZG. § 21.)

zu machen. Veränderungen, welche bei Gelegenheit einer Gemeinheitstheilung vorkommen, unterliegen diesen Bestimmungen nicht.

Streitigkeiten über bestehende Grenzen der Stadtbezirke unterliegen der Entscheidung im Verwaltungsstreitverfahren.

Ueber die Festsetzung streitiger Grenzen beschließt vorläufig, sofern es das öffentliche Interesse erheischt, der Bezirksausschuß[1]). Bei dem Beschlusse behält es bis zur rechtskräftigen Entscheidung im Verwaltungsstreitverfahren sein Bewenden[2]) (ZG. § 9.)

Wegen Abänderung der bestehenden Grenzen von Stadtkreisen und des Ausscheidens von Städten mit einer Civilbevölkerung von, der Regel nach, mindestens 25000 Einwohnern s. §§ 3. 4 der Kreisordnung. — Zur Eingemeindung von Landgemeinden in eine, einen besonderen Stadtkreis bildende Stadtgemeinde bedarf es keines Gesetzes. In die Vereinbarungen sollen, um den Weg der Gesetzgebung zu vermeiden, Abmachungen, welche gegen die Gemeindegesetze, namentlich die Städteordnung und das K.-Abg. G. verstoßen, nicht mehr aufgenommen werden. V. 17. 7. 01 (MBl. S. 194).

Bei der Vereinigung mit einer Stadtgemeinde, die den Schlachtzwang eingeführt hat, wird eine Landgemeinde durch die bloße Eingemeindung dem Schlachtzwange nicht unterworfen. Reichsger. 24. 1. 01 (Bd. 48, S. 275).

§ 3.

Alle Einwohner des Stadtbezirks, mit Ausnahme der servisberechtigten Militärpersonen des aktiven Dienststandes, gehören zur Stadtgemeinde.

Als Einwohner werden diejenigen betrachtet, welche in dem Stadtbezirk nach den Bestimmungen der Gesetze ihren Wohnsitz haben.

Zu Abs. 1: Anl. I z. d. Reichsges. v. 3. 8. 78 enthält ein Verzeichnis dieser Militärpersonen; dazu die neueren G. v. 28. 5. 87, 26. 7. 97 u. Anl. II zum Etats-G. v. 31. 3. 98. Einjährig-Freiwillige gehören zu den Servisberechtigten, weil durch den Wortlaut des § 3 hat ausgedrückt werden sollen, daß alle Personen des aktiven Soldatenstandes nicht zur Stadtgemeinde gehören. (Kommissionsbericht des Abg.-Hauses v. 22. 3. 53. Drucksachen. III Legislatur.-Periode I Session Nr. 204.)

Zu Abs. 2: „Gesetze" bedeuten die Vorschriften der § 10ff. ALR. T. 1. Tit. 2. Die Begriffsbestimmung des Wohnsitzes im Sinne des

---

[1]) In Berlin der Oberpräsident (LVG. § 43).

[2]) In Berlin ist in den Fällen des § 9 ZG. für das Verwalt.-Streitverf. an Stelle des Bez.-Aussch. das OVG. zuständig (ZG. § 21).

modernen Begriffes der Niederlassung enthält § 1 BG. wegen Beseitigung der Doppelbesteuerung v. 13. 5. 70; abgedruckt als Anlage IV. — Die bloße Aufgabe der Wohnung bedeutet noch nicht Aufgeben des Wohnsitzes.

§ 4.

Alle Einwohner des Stadtbezirks sind zur Mitbenutzung der öffentlichen Gemeindeanstalten der Stadt berechtigt und zur Theilnahme an den städtischen Gemeindelasten nach den Vorschriften des Kommunalabgaben-Gesetzes v. 14. 7. 93 (GS. S. 152)[1]) verpflichtet.

Die Bestimmungen besonderer Stiftungen, welche mit dergleichen städtischen Gemeindeanstalten verbunden sind, sowie die hinsichtlich solcher Anstalten auf besonderen Titeln beruhenden Privatrechte werden hierdurch nicht berührt.

In wie weit die im Offiziersrange stehenden Militärpersonen des Friedensstandes, welche der Heranziehung zur Einkommensteuer unterliegen, neben den, nach den bestehenden Bestimmungen (§ 1 Ziffer 1 der V. vom 23. Sept. 1867, GS. S. 1648) bereits zu entrichtenden Kommunalabgaben vom Grundbesitz und Gewerbebetriebe, von dem aus sonstigen Quellen fließenden außerdienstlichen Einkommen eine Abgabe zu den Gemeindezwecken an die Gemeinde des Garnisonsortes zu entrichten haben, bestimmt das G. v. 28. Juni 1886 (GS. S. 181), betreffend die Heranziehung von Militärpersonen zu Abgaben für Gemeindezwecke, nebst dem Abänderungs-G. vom 22. April 1892 (GS. S. 101)[2]).

Die Geistlichen, Kirchendiener und Elementar-Schullehrer bleiben von den direkten persönlichen Gemeindeabgaben hinsichtlich ihres Diensteinkommens insoweit befreit, als ihnen diese Befreiung zur Zeit der Verkündigung der Gemeinde-Ordnung vom 11. März 1850 zustand. Geistliche und Schullehrer bleiben von allen persönlichen Gemeindediensten, soweit dieselben nicht auf ihnen gehörigen Grundstücken lasten, befreit; Kirchendiener insoweit, als ihnen diese Befreiung zur Zeit der Verkündigung der Gemeinde-Ordnung vom 11. März 1850 zustand.

---

[1]) Das KAG. ist als Anlage I abgedruckt.

[2]) Diese beiden Gesetze sind als Anlage II abgedruckt.

Wegen der Heranziehung der Staatsdiener, der ihnen gleich stehenden Beamten und ihrer Hinterbliebenen zu den Kommunal-Auflagen sind nach § 41 KAG. die Vorschriften der Verordnung v. 23. September 1867 (GS. S. 1648)[1]) anzuwenden.

Das nothwendige Domizil der Beamten findet bei der Kommunalbesteuerung keine Anwendung. (§ 12 G. 27. 7. 85 u. § 41 KAG.)

Auf Beschwerden und Einsprüche, betreffend das Recht zur Mitbenutzung der öffentlichen Gemeindeanstalten, sowie zur Theilnahme an den Nutzungen und Erträgen des Gemeindevermögens, beschließt der Gemeindevorstand. (ZG. § 18, vgl. § 49 StO.) Gegen den Beschluß findet binnen 2 Wochen die unmittelbar bei dem Bezirksausschusse anzubringende Klage statt. Der Gemeindevorstand kann zur Wahrnehmung seiner Rechte in diesem Verfahren einen besonderen Vertreter bestellen. (ZG. §§ 18, 21; LVG. §§ 63, 86.)

Der Entscheidung im Verwaltungsstreitverfahren unterliegen desgleichen Streitigkeiten zwischen Betheiligten über ihre in dem öffentlichen Rechte begründete Berechtigung zu den im Abs. 7 bezeichneten Nutzungen.

Der übrige Inhalt des § 4 StO., insbesondere auch hinsichtlich der Forensen und Rechtspersönlichkeiten ist durch das KAG, die V. 23. 9. 67 und das G., betr. Heranziehung von Militärpersonen zu Abgaben für Gemeindezwecke v. 29. 6. 86/22. 4. 92, welche im Anhang abgedruckt sind, ersetzt.

Zu Abs. 1: Die Gemeinde hat das Recht, in Ermangelung gesetzlicher Regelung bei öffentlichen Gemeindeanstalten (d. h. zur allgemeinen Benutzung bestimmten, bei denen die Gemeinde nicht die Stellung eines Gewerbetreibenden einnimmt, OVG. 3. 2. 91, Bd. 20 S. 22), den Gemeindegliedern die Voraussetzungen, Bedingungen und Art der Benutzung vorzuschreiben (OVG. 16. 9. 91, Bd. 21 S. 124).

Zu Abs. 4: Gilt in vollem Umfange (und zwar als persönliche Befreiung) nur noch für die Kirchendiener. Geistliche und Elementarlehrer sind hinsichtlich ihrer Besoldungen, Emolumente und Ruhegehälter von direkten Kommunalauflagen ganz befreit und von den Gemeindediensten in dem hier bezeichneten Umfange (vgl. §§ 41 und 68 Abs. 6 KAG. und § 1 V. 23. 9. 67). — In Berlin sind die befreiten Kirchendiener bereits ausgestorben.

---

[1]) Die V. ist als Anlage III abgedruckt.

Zu Abs. 7 und 8: Der hier weggelassene Inhalt des § 18 ZG. ist im wesentlichen ersetzt durch §§ 69, 70 KAG.; vgl. jedoch unten Anm. zu § 52 StO. und zu § 69 KAG. — Die Frage, ob Gemeindenutzungen oder privatrechtliche Nutzungen vorliegen, ist dem ord. Rechtsweg nicht entzogen (RGer. 26. 1. 89. PVBl. X 338).

§ 5.

Das Bürgerrecht besteht in dem Rechte zur Theilnahme an den Wahlen, sowie in der Befähigung zur Uebernahme unbesoldeter Aemter in der Gemeindeverwaltung und zur Gemeindevertretung.

Jeder selbständige Preuße erwirbt dasselbe, wenn er seit einem Jahre

1. Einwohner des Stadtbezirks ist und zur Stadtgemeinde gehört (§ 3),
2. keine Armenunterstützung aus öffentlichen Mitteln empfangen,
3. die ihn betreffenden Gemeinde-Abgaben gezahlt hat und außerdem
4. entweder
   a) ein Wohnhaus im Stadtbezirk besitzt (§ 16), oder
   b) ein stehendes Gewerbe selbständig als Haupterwerbsquelle und in Städten von mehr als 10 000 Einwohnern mit wenigstens 2 Gehülfen selbständig betreibt, oder
   c) zur Einkommensteuer oder zu einem fingirten Normalsteuersatze von 4 Mark veranlagt ist, oder ein Jahreseinkommen von mehr als 660 bis 900 Mark hat.

Steuerzahlungen, Einkommen, Haus- und Grundbesitz der Ehefrau werden dem Ehemann, Steuerzahlungen, Einkommen Haus- und Grundbesitz der minderjährigen, beziehungsweise der in väterlicher Gewalt befindlichen Kinder dem Vater angerechnet.

In den Fällen, wo ein Haus durch Vererbung auf einen andern übergeht, kommt dem Erben bei Berechnung der Dauer des einjährigen Wohnsitzes die Besitzzeit des Erblassers zu Gute.

Als selbständig wird nach vollendetem vierundzwanzigsten Lebensjahre ein Jeder betrachtet, der einen eigenen Hausstand hat, sofern ihm nicht das Verfügungsrecht über sein Vermögen oder dessen Verwaltung durch richterliches Erkenntniß entzogen ist.

Inwiefern über die Erlangung des Bürgerrechts von dem Magistrat eine Urkunde (Bürgerbrief) zu ertheilen ist, bleibt den statutarischen Anordnungen vorbehalten.

Zu Abs. 2: Wer „Preuße" ist s. im Reichs-G. 1. 6. 70. — Armenunterstützung ist auch die dem Familienhaupte oder armen rechtlich von ihm abhängigen Familiengliedern für Rechnung des Armenverbandes gewährte Krankenunterstützung, selbst wenn die Kurkosten gestundet waren. (OVG. 18. 5. 00, Bd. 37 S. 14.)

Zu Nr. 4a: Ein Miteigentümer ist nicht Hausbesitzer im Sinne des § 5 Nr. 4a u. § 16, da die StO. eine Regelung, welcher Miteigentümer zur Vertretung des Hauses befugt sein solle, nicht getroffen hat. (OVG. 21. 9. 00 Bd. 38 S. 26.)

Zu Nr. 4b: Für die Bestimmung der Einwohnerzahl ist die letzte Volkszählung maßgebend; aktive Militärpersonen bleiben dabei außer Berechnung. (MR. 3. 5. 66, 16. 2. 72.) — Vgl. zu dieser Nr. den unten in § 52 eingeschalteten § 13 der RGewerbe-O.

Zu Nr. 4c: Vgl. §§ 74—77 Einkommensteuerg. 24. 6. 91 (§ 77 Abs. 3 bezieht sich nicht auf die StO.). Vgl. ferner Anmerk. zu § 13 Abs. 2.

Zu Abs. 5: Einen „eigenen Hausstand" hat Jeder, der über einen oder mehrere, wenn auch mit dem Mobiliar gemietete Wohnungsräume selbständig und ausschließlich verfügen kann, also auch ein Chambregarnist. Inhaber von Schlafstellen gehören einem fremden Hausstande an, sind also nicht selbständig im Sinne des Abs. 5. (OVG. 8. 10. 86 Bd. 14 S. 170 u. 18. 5. 00 Bd. 37 S. 14.)

§ 5a.

Die Gemeindevertretung beschließt auf Beschwerden und Einsprüche, betr. den Besitz oder den Verlust des Bürgerrechts, sowie des Rechts zur Bekleidung einer den Besitz des Bürgerrechts voraussetzenden Stelle in der Gemeindeverwaltung oder Gemeindevertretung. (ZG. § 10 Nr. 1.)

Der Beschluß der Gemeindevertretung bedarf keiner Genehmigung oder Bestätigung von Seiten des Gemeindevorstandes oder der Aufsichtsbehörde. Gegen den Beschluß der Gemeindevertretung findet binnen zwei Wochen die, unmittelbar bei dem Bezirksausschuß anzubringende Klage statt, welche auch dem Gemeindevorstande zusteht. Sie hat keine aufschiebende Wirkung. Die Gemeindevertretung und der Gemeindevorstand können zur Wahrnehmung ihrer Rechte im Verw.-Streitverfahren einen besonderen Vertreter bestellen. (ZG. §§ 10, 11, 21; LVG. § 63.)

§ 6.

Verlegt ein Bürger seinen Wohnsitz nach einer anderen Stadt, so kann ihm das Bürgerrecht in seinem neuen Wohnort, wenn sonst die Erfordernisse zur Erlangung desselben vorhanden sind, von dem Magistrate im Einverständnisse mit der Stadtverordneten-Versammlung (§ 12) schon vor Ablauf eines Jahres verliehen werden.

Diese Bestimmungen finden auch auf den Fall Anwendung, wenn der Besitzer eines, einen besonderen Gutsbezirk bildenden Gutes oder ein stimmberechtigter Einwohner einer Landgemeinde seinen Wohnsitz nach einer Stadt verlegt.

Der Magistrat ist, im Einverständniß mit der Stadtverordneten-Versammlung, befugt, Männern, welche sich um die Stadt verdient gemacht haben, ohne Rücksicht auf die oben gedachten besonderen Erfordernisse, das Ehrenbürgerrecht zu ertheilen, wodurch keine städtischen Verpflichtungen entstehen.

Das Ehrenbürgerrecht geht verloren, sobald der Betreffende aufhört Preuße zu sein. (O. V. G. 27. 6. 96, Bd. 30 S. 1.)

§ 7.

Wem durch rechtskräftiges Erkenntniß die bürgerlichen Ehrenrechte aberkannt sind, der verliert dadurch dauernd die von ihm bisher bekleideten Aemter in der Gemeindeverwaltung und Gemeindevertretung, sowie für die im Urtheile bestimmte Zeit das Bürgerrecht überhaupt und die Fähigkeit, dasselbe zu erwerben. (StrfGB. §§ 33, 34, 36.)

Die rechtskräftig erfolgte Aberkennung der Fähigkeit zur Bekleidung öffentlicher Aemter hat den dauernden Verlust der bisher bekleideten Aemter in der Gemeindeverwaltung und Gemeindevertretung, sowie für die im Urtheile bestimmte Zeit die Unfähigkeit zur Uebernahme solcher Aemter zur Folge. (StrfGB. §§ 35, 36.)

Ist gegen einen Bürger wegen eines Verbrechens oder eines Vergehens, welches die Aberkennung der bürgerlichen Ehrenrechte zur Folge haben muß oder kann, das Hauptverfahren eröffnet, oder ist derselbe zur gerichtlichen Haft gebracht, so ruht die Ausübung des ihm zustehenden

Bürgerrechtes so lange, bis das Strafverfahren beendet ist. (StrfProzO. §§ 196 ff.)

Das Bürgerrecht geht verloren, sobald eines der zur Erlangung desselben vorgeschriebenen Erfordernisse bei dem bis dahin dazu Berechtigten nicht mehr zutrifft.

Verfällt ein Bürger in Konkurs, so verliert er dadurch das Bürgerrecht auf solange, bis das Verfahren beendet ist. (AusfG. z. KonkO. 6. 3. 79 § 52.)

Die Verurteilung zur Zuchthausstrafe hat die dauernde Unfähigkeit zur Bekleidung öffentlicher Ämter zur Folge (StrfGB. § 31; LGO. § 43 Abs. 4).

§ 8.

Wer in einer Stadt seit einem Jahre mehr als einer der drei höchstbesteuerten Einwohner sowohl an direkten Staats- als an besonderen direkten Gemeindeabgaben und Zuschlägen zur Staatseinkommensteuer entrichtet bezw. einer höheren Veranlagung zu den, durch § 1 Nr. 1 und 2 G. wegen Aufhebung direkter Staassteuern v. 14. 7. 93 (GS. S. 119) gegenüber der Staatskasse außer Hebung gesetzten Steuern als einer der drei höchstveranlagten Einwohner unterliegt, ist, auch ohne im Stadtbezirke zu wohnen, oder sich daselbst aufzuhalten, berechtigt, an den Wahlen Theil zu nehmen, falls bei ihm die übrigen Erfordernisse dazu vorhanden sind.

Dasselbe Recht haben juristische Personen, wenn sie in einem solchen Maße in der Gemeinde besteuert sind.

(§ 5 AufhebungsG. 14. 7. 93; §§ 23 Abs. 1, 25 Abs. 1, 30 Abs. 1, 37 Abs. 1 KAG.)

Wegen Ausübung des Stimmrechts vgl. § 25 Abs. 2 und MR. 5. 12. 81 (MBl. v. 1882 S. 30). — Der Fiskus hat das Recht nicht (OVG. 23. 10. 88, Bd. 17. S. 94), auch nicht eine Gesellschaft mit beschränkter Haftung, wie überhaupt nicht die modernen Rechtspersönlichkeiten, die neben die juristischen Personen der Rechtssprache der StO. zu stellen sind. RGer. 26. 3. 01 (Bd. 48 S. 84).

§ 9.

Die Stadtgemeinden sind Korporationen; denselben steht die Selbstverwaltung ihrer Angelegenheiten nach näherer Vorschrift dieses Gesetzes zu.

Bei der Verwaltung aller, ihrer Bestimmung entsprechenden Angelegenheiten ist die Gemeinde nur durch das staatliche Aufsichtsrecht begrenzt (OVG. 25. 2. 85, Bd. 12 S. 155. 158).

§ 10.

In den Städten wird ein Magistrat (kollegialischer Gemeindevorstand) und eine Stadtverordneten-Versammlung (Gemeindevertretung) gebildet, welche nach näherer Vorschrift dieses Gesetzes dieselben vertreten. Der Magistrat ist die Obrigkeit der Stadt und verwaltet die städtischen Gemeinde-Angelegenheiten. Die Ausnahmen bestimmt Tit. VIII.

Während in dem oben eingeschalteten § 5a die ausschließliche Beschlußfähigkeit der StV. Vers. hervorgehoben ist, wird hier unter „vertreten" die zu Gemeindebeschlüssen erforderliche Willensübereinstimmung beider Teile verstanden. — Ohne an die Mitwirkung der StVVers. gebunden zu sein, ist der Magistrat nach der Instr. v. 25. 5. 35 berufen, die Gesetze und Verordnungen sowie die Verfügungen der ihm vorgesetzten Behörden auszuführen.

§ 11.

Jede Stadt ist befugt, besondere statutarische Anordnungen zu treffen:

1. über solche Angelegenheiten der Stadtgemeinden, sowie über solche Rechte und Pflichten der Mitglieder, hinsichtlich deren das gegenwärtige Gesetz Verschiedenheiten gestattet, oder keine ausdrücklichen Bestimmungen enthält;
2. über sonstige eigenthümliche Verhältnisse und Einrichtungen, insbesondere hinsichtlich der den gewerblichen Genossenschaften bei Eintheilung der stimmfähigen Bürger und bei Bildung der Wahlversammlungen und der städtischen Vertretung zu gewährenden angemessenen Berücksichtigung.

Dergleichen Anordnungen bedürfen der Bestätigung des Bezirksausschusses[1]). (ZG. § 16 Abs. 3.)

Zu Abs. 1: Wo ein einfacher Gemeindebeschluß genügt, liegt kein Grund vor, ein Statut zu schaffen, wie in den Fällen der §§ 5, 12, 19—21, 29, 59, 70 StO.; für bloße Beschlüsse ist keine Publikation vorgeschrieben (OVG. 9. 5. 93, Bd. 25 S. 16) auch nicht für Reglements, d. h. Direktiven, welche die leitenden Gemeindeorgane sich selbst vorlegen. Jebens, PrVBl. XXI S. 337. Die Gemeinde darf ihre eigenen Pflichten

---

[1]) In Berlin des Oberpräsidenten.

nicht durch Ortsstatut auf Gemeindeangehörige abwälzen, z. B. die Einrichtung der Bürgersteige, wie diese der Gemeinde obliegt, auf die Adjazenten (OVG. 16. 5. 88, Bd. 16 S. 49). Von neueren Gesetzen, welche für einzelne Materien ortsstatutarische Regelung vorsehen, seien nur andeutungsweise erwähnt: das Fluchtlinien-Ges., die RGewO., das Kommunal-Abg.-G., das Kommunal-Beamten-Ges., das Gesetz betreffend die Bildung der Wählerabteilungen bei den Gemeindewahlen, das Ges. betr. die Gewerbegerichte und die Arbeiter-Versicherungs-Gesetze.

Zu Abs. 2: Die Beschwerde geht an den Provinzialrat[1]) (LVG. § 121).

Titel II.

Von der Zusammensetzung und Wahl der Stadtverordneten-Versammlung.

§ 12.

Die Stadtverordneten-Versammlung besteht aus zwölf Mitgliedern in Stadtgemeinden von weniger als 2500 Einwohnern,

aus	18	in Gemeinden	von	2500	bis	5000	Einw.
=	24	= =	=	5001	=	10000	=
=	30	= =	=	10001	=	20000	=
=	36	= =	=	20001	=	30000	=
=	42	= =	=	30001	=	50000	=
=	48	= =	=	50001	=	70000	=
=	54	= =	=	70001	=	90000	=
=	60	= =	=	90001	=	120000	=

In Gemeinden von mehr als 120000 Einwohner treten für jede weiteren 50000 Einwohner sechs Stadtverordnete hinzu.

Wo die Zahl der Stadtverordneten bisher eine andere gewesen ist, verbleibt es bei dieser Zahl, bis durch statutarische Anordnung, welcher überhaupt abweichende Festsetzungen über die Zahl der Stadtverordneten vorbehalten werden, eine Aenderung getroffen ist.

§ 13.

Zum Zweck der Wahl der Stadtverordneten werden die stimmfähigen Bürger (§ 5 bis 8) nach Maßgabe der von ihnen zu entrichtenden direkten Staats-, Gemeinde-, Kreis- und Provinzialsteuern in drei Abtheilungen getheilt, und

[1]) In Berlin an den Minister d. Innern.

zwar in der Art, daß auf jede Abtheilung ein Drittheil der Gesammtsumme der Steuerbeträge aller Wähler fällt.

Für jede nicht zur Staatseinkommensteuer veranlagte Person ist an Stelle dieser Steuer ein Betrag von drei Mark zum Ansatz zu bringen.

Steuern, die für Grundbesitz oder Gewerbebetrieb in einer anderen Gemeinde entrichtet werden, sowie die Steuern für die im Umherziehen betriebenen Gewerbe, sind bei der Bildung der Abtheilungen nicht anzurechnen.

Wo direkte Gemeindesteuern nicht erhoben werden, tritt an deren Stelle die vom Staate veranlagte Grund-, Gebäude- und Gewerbesteuer.

Personen, welche zu einer Staatssteuer nicht veranlagt sind, wählen in der dritten Abtheilung.

Verringert sich in Folge dessen die auf die erste und zweite Abtheilung entfallende Gesammtsteuersumme, so findet die Bildung dieser Abtheilungen in der Art statt, daß von der verbleibenden Summe auf die erste und zweite Abtheilung je die Hälfte entfällt.

In denjenigen Gemeinden, die nach der jedesmaligen letzten Volkszählung mehr als 10000 Einwohner zählen, wird die nach Abs. 1 erfolgte Drittelung derart verändert, daß jeder Wähler, dessen Steuerbetrag den Durchschnitt der auf den einzelnen Wähler treffenden Steuerbeträge übersteigt, stets der zweiten oder ersten Abtheilung zugewiesen wird. Im Uebrigen wählen Personen, welche vom Staate zu einer Steuer nicht veranlagt sind, stets in der dritten Abtheilung. Bei Berechnung des durchschnittlichen Steuerbetrags sind die Wähler, welche zur Staatseinkommensteuer nicht veranlagt sind, und, wo das Wahlrecht an einen Einkommensteuersatz von sechs Mark geknüpft ist, auch die zu diesem Satze veranlagten Wähler, sowie die Steuer, mit welcher dieselben in der Wählerliste eingetragen sind, außer Betracht zu lassen. Erhöht oder verringert sich in Folge dessen die auf die erste oder zweite Abtheilung entfallende Gesammtsteuersumme, so findet die

Bildung dieser beiden Abtheilungen in der Art statt, daß von jener Summe auf die erste und zweite Abtheilung je die Hälfte fällt. Eine höhere Abtheilung darf niemals mehr Wähler zählen als eine niedere.

In den unter den vorigen Absatz fallenden Gemeinden kann durch Ortsstatut bestimmt werden:

1. daß bei der nach § 2 erfolgenden Bildung der Wählerabtheilungen an Stelle des auf einen Wähler entfallenden durchschnittlichen Steuerbetrages ein den Durchschnitt bis zur Hälfte desselben übersteigender Betrag tritt,
2. daß auf die erste Wählerabtheilung $^5/_{12}$, auf die zweite $^4/_{12}$ und auf die dritte $^3/_{12}$ der Gesammtsumme der im § 1 bezeichneten Steuerbeträge aller Wähler fallen, eine höhere Abtheilung aber nicht mehr Wähler zählen darf als eine niedere.

Zur Beschlußfassung über die Einführung, Abänderung oder Aufhebung der Ortsstatute bedarf es der Mehrheit von $^2/_3$ der abstimmenden Gemeindevertreter.

Der Beschluß unterliegt der Bestätigung und zwar in Landgemeinden durch den Kreisausschuß, in Stadtgemeinden durch den Bezirksausschuß[1]). Gegen die in erster Instanz ergehenden Beschlüsse dieser Behörden ist die Beschwerde an den Provinzialrath zulässig. Auf die Beschwerden finden in allen Fällen die §§ 122 und 123 des Gesetzes über die allgemeine Landesverwaltung vom 30. Juli 1883 (Gesetz-Samml. S. 195) Anwendung.

Unberührt bleiben die Bestimmungen, nach welchen die Ausübung des Wahlrechts an die Entrichtung bestimmter Steuersätze geknüpft ist oder geknüpft werden kann.

In die erste, beziehungsweise zweite Abtheilung gehört auch derjenige, dessen Steuerbetrag nur teilweise in das erste, beziehungsweise zweite Drittel fällt.

Kein Wähler kann zweien Abtheilungen zugleich angehören.

---

[1]) In Berlin d. Oberpräs. Die Beschwerde geht an den Minister des Innern (LVG. § 43).

Läßt sich weder nach dem Steuerbetrage, noch nach der alphabetischen Ordnung der Name bestimmen, welcher unter mehreren Wählern zu einer bestimmten Abtheilung zu rechnen ist, so entscheidet das Loos.

Jede Abtheilung wählt ein Drittel der Stadtverordneten, ohne dabei an die Wähler der Abtheilung gebunden zu sein.

Abs. 1 ist nach dem G. 30. 6. 00 emendiert. Abs. 2, 4—6 u. 11 sind jetzt dem G. 30. 6. 00 entnommen und befanden sich bereits im G. 29. 6. 93. Abs. 7—10 geben die §§ 2—4 G. 30. 6. 00 wieder. Abs. 12ff entstammen dem ursprünglichen Texte der StO.; ebenso der im G. 30. 6. 00 wiederholte Abs. 3. Die Ausf.-Bestimmungen z. G. 30. 6. 00 betr. die Bildung der Wähler-Abteilungen s. MBl. S. 226; dazu V. 14. 7. 92 (MBl. S. 156).

Zu Abs. 2: Jedoch sind, wo das Bürgerrecht auf dem fingierten Normal-Steuersatze von 4 Mark beruht (oben § 5 Abs. 2 Nr. 4c), auch nur die so Veranlagten in die Wählerliste aufzunehmen.

Vgl. ferner § 5 Abs. 4. u. 5. Reglement für die Wahlen zum Abgeordnetenhause 18. 9. 93.

§ 14.

Gehören zu einer Abtheilung mehr als 500 Wähler, so kann die Wahl derselben nach dazu gebildeten Wahlbezirken geschehen. Enthält eine Stadtgemeinde mehrere Ortschaften, so kann dieselbe mit Rücksicht hierauf in Wahlbezirke eingetheilt werden. Die Anzahl und die Grenzen der Wahlbezirke, sowie die Anzahl der von einem jeden derselben zu wählenden Stadtverordneten, werden nach Maßgabe der Zahl der stimmfähigen Bürger von dem Magistrat festgesetzt.

Ist eine Aenderung der Anzahl oder der Grenzen der Wahlbezirke oder der Anzahl der von einem jeden derselben zu wählenden Stadtverordneten wegen einer in der Zahl der stimmfähigen Bürger eingetretenen Aenderung oder aus sonstigen Gründen erforderlich geworden, so hat der Magistrat die entsprechende anderweitige Festsetzung zu treffen, auch wegen des Uebergangs aus dem alten in das neue Verhältniß das Geeignete anzuordnen. Der Beschluß des Magistrats bedarf der Bestätigung von Aufsichtswegen. Erg. G. 1. 3. 91.

Der Magistrat ist befugt, an Stelle oder innerhalb der Wahlbezirke, in denen je eine bestimmte Anzahl Stadtverordneter zu wählen ist, Bezirke zum Zwecke der Stimmenabgabe (Abstimmungsbezirke) zu bilden oder die Wähler in anderer Weise in Gruppen zu theilen und für jeden Abstimmungsbezirk beziehungsweise jede Gruppe einen eigenen Wahlvorstand zu bestellen. Soweit er von dieser Befugniß Gebrauch macht, hat er zugleich die für die Feststellung des Gesammtergebnisses der Wahl sowie für das Verfahren bei nothwendig werdenden engeren Wahlen erforderlichen Anordnungen zu treffen. (G. 30. 6. 00 § 6. I.)

Zu Abs. 3: Die fernere Vorschrift des § 6 G. 30. 6. 00 ist unten als jetziger § 24 wiedergegeben und ermöglicht auch für die jetzt zugelassenen Abstimmungsbezirke besondere Wahlvorstände für die Leitung des Wahlaktes zu bestellen.

§ 15.

Bei Stadtgemeinden, welche mehrere Ortschaften enthalten, kann durch Beschluß des Bezirksausschusses nach Verhältniß der Einwohnerzahl bestimmt werden, wie viel Mitglieder der Stadtverordneten-Versammlung aus jeder einzelnen Ortschaft zu wählen sind. (ZG. § 12 Nr. 1.)

§ 16.

Die Hälfte der von jeder Abtheilung zu wählenden Stadtverordneten muß aus Hausbesitzern (Eigenthümern, Nießbrauchern und solchen, die erbliches Besitzrecht haben) bestehen.

Der als Hausbesitzer Gewählte verliert sein Mandat nicht, wenn er später aufhört, Hausbesitzer zu sein (OVG. 13. 4. 94); auch muß z. B. der zu Wählende den für die Wählbarkeit erforderlichen Grundbesitz bereits am Tage der Wahl besitzen, so daß ein späterer Erwerb desselben außer Betracht bleibt (MR. 26. 4. 82, PVBl. III S. 372). Auch der Nießbrauch und das erbliche Besitzrecht müssen, wie das Eigentum, den ganzen Besitz umfassen, um die passive Wählbarkeit als Hausbesitzer zu verleihen (OVG. 18. 3. 02, Bd. 41 S. 25). Vgl. § 5 Anm. zu 4a. Die Anrechnung des § 5 Abs. 3 findet hier nicht Anwendung. OVG. a. .a O.

§ 17.

Stadtverordnete können nicht sein:

1. diejenigen Beamten und die Mitglieder derjenigen Behörden, durch welche die Aufsicht des Staats über die Städte ausgeübt wird (§ 76);
2. die Mitglieder des Magistrats und alle besoldeten Gemeindebeamten; die Ausnahmen bestimmen §§ 72 und 73;

3. Geistliche, Kirchendiener und Elementarlehrer;
4. die richterlichen Beamten, zu denen jedoch die technischen Mitglieder der Handels-, Gewerbe- und ähnlicher Gerichte nicht zu zählen sind;
5. die Beamten der Staatsanwaltschaft;
6. die Polizeibeamten.

Vater und Sohn, sowie Brüder, dürfen nicht zugleich Mitglieder der Stadtverordneten-Versammlung sein. Sind dergleichen Verwandte zugleich erwählt, so wird der ältere allein zugelassen.

§ 17 beschränkt hier speziell die allgemeinen Voraussetzungen des § 5.

Zu Nr. 1: Wohl aber die Subalternbeamten solcher Behörden'; jedoch nicht der Kreissekretär, der nach § 5 Kreis-O. in kürzeren Behinderungsfällen den Landrat vertritt (OVG. 27. 1. 86, Bd. 13 S. 79).

Zu Nr. 2: s. § 1 Komm.-Beamten-G. v. 30. 7. 99.

Zu Nr. 3: Bei den Lehrern ist der Charakter der Schule entscheidend (MR. 17. 1. 78, MBl. S. 36).

Zu Nr. 6: Auch die Eisenbahn-Polizei-Beamten (OVG. 17. 2. 88, Bd. 16 S. 72); auch ein den Landrat vertretender Kreisdeputierter während der Vertretungszeit, als stellvertretender Polizei-Beamter (OVG. 3. 11. 93, Bd. 25 S. 20). Die Voraussetzungen der Wählbarkeit müssen schon zu der Zeit, da die Wahl erfolgt, gegeben sein, insbesondere darf schon zu dieser Zeit der Gewählte nicht dem Kreise derjenigen Beamten u. s. w. angehören, die „nicht Stadtverordnete sein können." (OVG. wie vor und 8. 5. 95, Bd. 28 S. 9). Staatsbeamte bedürfen einer Genehmigung der vorgesetzten Dienstbehörde (Staatsministerialbeschluß 2. 3. 51, MBl. S. 38), ebenso aktive Militärpersonen (RMilitG. 2. 5. 74 § 47). Notare bedürfen nach Art. 82 G. über die freiwillige Gerichtsbarkeit v. 21. 9. 99 der Genehmigung nicht mehr.

§ 18.

Die Stadtverordneten werden auf sechs Jahre gewählt. Jedoch verliert jede Wahl ihre Wirkung, sobald einer der Fälle eintritt, in denen nach den Bestimmungen im § 7 der Gewählte des Bürgerrechts verlustig geht oder von der Ausübung desselben für eine gewisse Zeit ausgeschlossen wird. Tritt einer der Fälle ein, in denen nach jenen Bestimmungen die Ausübung des Bürgerrechts ruhen muß, so ist der Gewählte zugleich von der Theilnahme an den Geschäften der Stadtverordneten-Versammlung einstweilen bis zum Austrage der Sache ausgeschlossen. Alle zwei Jahre scheidet ein Drittheil der Mitglieder aus und wird durch neue Wahlen ersetzt. Die das erste und zweite Mal Ausscheidenden werden für jede Abtheilung durch das Loos bestimmt.

Wegen der Einsprüche, Beschwerden über die Wählbarkeit u. s. w. vergl. § 5a.

§ 19.

Eine Liste der stimmfähigen Bürger, welche die erforderlichen Eigenschaften derselben nachweist, wird von dem Magistrat geführt und alljährlich im Juli berichtigt.

Die Liste wird nach den Wahlabtheilungen und im Falle des § 14 nach den Wahlbezirken eingetheilt.

Um das (durch § 17 eingeschränkte) passive Wahlrecht handelt es sich hier nicht.

§ 20.

Vom 1. bis 15. Juli schreitet der Magistrat zur Berichtigung der Liste.

Vom 15. bis zum 30. Juli* wird die Liste in einem oder mehreren zu öffentlicher Kenntniß gebrachten Lokalen in der Stadtgemeinde offen gelegt.

Während dieser Zeit kann jedes Mitglied der Stadtgemeinde gegen die Richtigkeit der Liste bei dem Magistrat Einwendungen erheben.

Die Stadtverordneten-Versammlung hat darüber bis zum 15. August zu beschließen. **Der Beschluß bedarf der Zustimmung des Magistrats nicht.** (ZG. § 11.)

Soll der Name eines einmal in die Liste aufgenommenen Einwohners wieder ausgestrichen werden, so ist ihm dieses acht Tage vorher von dem Magistrat unter Angabe der Gründe mitzutheilen.

Gegen den Beschluß der Stadtverordneten-Versammlung in Betreff der Richtigkeit der Wählerliste findet binnen zwei Wochen die, unmittelbar bei dem Bezirksausschusse anzubringende Klage statt, welche auch dem Magistrat zusteht. Sie hat keine aufschiebende Wirkung; jedoch dürfen Ersatzwahlen vor ergangener rechtskräftiger Entscheidung nicht vorgenommen werden. Die Stadtverordneten-Versammlung beziehungsweise der Magistrat können zur Wahrnehmung ihrer Rechte im Verwaltungsstreitverfahren einen besonderen Vertreter bestellen. (ZG. §§ 10, 11, 21.)

Zu Abs. 2: Die Liste muß bei der Offenlegung gemäß § 19 eingeteilt sein.

Zu Abs. 2: In dem Recht auf Einsicht der Liste ist nicht das Recht zum Abschreiben derselben enthalten (OVG. 6. 3. 95, Bd. 27 S. 16). Die auf Geheimhaltung der Verhältnisse der Steuerpflichtigen abzielenden Vorschriften des Einkommensteuergesetzes haben das Recht auf Kenntnisnahme von dem Inhalte der Liste der stimmfähigen Bürger nicht beschränkt (OVG. 8. 12. 94, Bd. 27 S. 21). Eine Mitteilung der Namen, Berufe und Wohnungen der Gemeindewähler, welche zu den einzelnen Wahlabteilungen gehören, ist trotz des Erl. 1. 9. 02 (MBl. S. 175) keine Mitteilung der Gemeindewählerliste. — Übrigens soll nach diesem Erl. nicht mehr der Betrag jeder einzelnen, von den Wählern zu zahlenden Steuer, sondern nur noch der Gesamtbetrag aller im § 1 G. 30. 6. 00 in Verbindung mit den Ausf.-Best. v. 14. 9. 00 zu §§ 1 u. 5 Nr. III aufgeführten, auf den Wähler entfallenden Steuern in der für die Wahlen zur Gemeindevertretung aufzustellenden Wählerliste nachgewiesen werden.

Zu Abs. 4: s. Anm. zu Abs. 4 des § 21.

Zu Abs. 6: Aus der fehlenden aufschiebenden Wirkung ergibt sich hinsichtlich der regelmäßigen Ergänzungswahlen, daß selbst ein mit Erfolg durchgeführter Angriff bezüglich der Wählerlisten das inzwischen bereits erzielte Wahlresultat nicht beseitigen kann (OVG. 3. 10. 90, Bd. 20 S. 9).

§ 21.

Die Wahlen zur regelmäßigen Ergänzung der Stadtverordneten-Versammlung finden alle zwei Jahre im November statt. Bei dem zunächst vorhergehenden wöchentlichen Hauptgottesdienst ist auf die Wichtigkeit dieser Handlung hinzuweisen. Die Wahlen der dritten Abtheilung erfolgen zuerst, die der ersten zuletzt.

Außergewöhnliche Wahlen zum Ersatze innerhalb der Wahlperiode ausgeschiedener Mitglieder müssen angeordnet werden, wenn die Stadtverordneten-Versammlung oder der Magistrat es für erforderlich erachten, oder wenn der Bezirksausschuß[1]) dies beschließt. Der Ersatzmann bleibt nur bis zum Ende derjenigen sechs Jahre in Thätigkeit, auf welche der Ausgeschiedene gewählt war.

Alle Ergänzungs- oder Ersatzwahlen werden — unbeschadet der Vorschrift im zweiten Absatz des § 14 — von denselben Abtheilungen und Wahlbezirken (§ 14) vorgenommen, von denen der Ausgeschiedene gewählt war. Ist die Zahl der zu wählenden Stadtverordneten nicht durch drei theilbar, so ist, wenn nur einer übrig bleibt, dieser von der zweiten Abtheilung

[1]) In Berlin der Oberpräsident.

zu wählen. Bleiben zwei übrig, so wählt die erste Abtheilung den einen und die dritte Abtheilung den andern.

Die in den §§ 19—21 bestimmten Termine können durch statutarische Anordnungen abgeändert werden.

Zu Abs. 3: Der eingeschaltete Passus entstammt ebenso wie der zweite Absatz des § 14 dem ErgänzG. 1. 3. 91. — Über die Natur der Vorschrift des Abs. 3 als einer Aushilfebestimmung zu den §§ 13 und 18 vgl. OVG. 5. 6. 95, Bd. 28 S. 22.

Zu Abs. 4: In Berlin ist durch Ortsstatut v. $\frac{14.\ 2}{9.\ 3}$ 01 die Frist zur Beschlußfassung über Einwendungen gegen die Wählerliste (§ 20 Abs. 4) bis zum 30. September ausgedehnt worden.

§ 22.

Der Magistrat hat jederzeit die nöthige Bestimmung zur Ergänzung der erforderlichen Anzahl von Hausbesitzern (§ 16) zu treffen.

Ist die Zahl der Hausbesitzer, welche zu wählen sind, nicht durch die Zahl der Wahlbezirke theilbar, so wird die Vertheilung auf die einzelnen Wahlbezirke durch das Loos bestimmt.

Mit dieser Beschränkung können die ausscheidenden Stadtverordneten jederzeit wieder gewählt werden.

Bei überzählig gewählten Nichthausbesitzern scheiden die mit der geringsten Stimmenzahl, soweit es nötig ist, aus (OVG. 10. 11. 97, Bd. 32 S. 6).

§ 23.

Vierzehn Tage vor der Wahl werden die in der Liste (§§ 19 und 20) verzeichneten Wähler durch den Magistrat zu den Wahlen mittelst schriftlicher Einladung oder ortsüblicher Bekanntmachung berufen.

Die Einladung oder Bekanntmachung muß das Lokal, die Tage und die Stunden, in welchen die Stimmen bei dem Wahlvorstande abgegeben sind, genau bestimmen.

Zu Abs. 2: Es ist zuläßig, die Wahlen zu den drei Abteilungen an einem Tage vorzunehmen (OVG. 13. 12. 89, Bd. 19 S. 7); im übrigen ist es ebenso zuläßig, nur die Stunde des Beginns des Wahlaktes anzugeben, wie nach pflichtgemäßem Ermessen einen Endtermin für die Entgegennahme der Stimmen zu bezeichnen (OVG. 17. 10. 93, B.d 25 S. 7).

§ 24.

Der Wahlvorstand besteht in den einzelnen Wahl-, Abstimmungsbezirken oder Gruppen aus dem Bürgermeister und aus zwei von der Stadtverordnetenversammlung gewählten Beisitzern; für den Vorsitzenden werden von dem Bürgermeister und für die Beisitzer von der Stadtverordnetenversammlung je ein oder mehrere Vertreter aus der Zahl der stimmfähigen Bürger bestellt.

Vgl. oben zu § 14. — Ein in ungesetzlicher Weise gebildeter Wahlvorstand macht die Wahlhandlung ungültig, ebenso eine unvollständige Besetzung des Wahlvorstandes, wenn dieselbe so lange gewährt hat, daß durch die während dieser Zeit vorgenommenen Wahlen das Ergebnis der Wahl beeinflußt sein kann (OVG. 14. 9. 88, Bd. 17 S. 117). — Die Zuziehung eines bloßen Protokollführers, der sich in die Wahlhandlung nicht mischt, beeinflußt die Gültigkeit der Wahlhandlung nicht (OVG. 11. 5. 95, Bd. 28 S. 18).

§ 25.

Jeder Wähler muß dem Wahlvorstande mündlich und laut zu Protokoll erklären, wem er seine Stimme geben will. Er hat so viele Personen zu bezeichnen, als zu wählen sind. Werden die Ersatzwahlen mit den Ergänzungswahlen in ein und demselben Wahlakte verbunden, so hat jeder Wähler getrennt zunächst so viel Personen zu bezeichnen, als zur regelmäßigen Ergänzung der Stadtverordneten-Versammlung, und sodann so viel Personen, als zum Ersatze der innerhalb der Wahlperiode ausgeschiedenen Mitglieder zu wählen sind.

Nur die in § 8 erwähnten juristischen oder außerhalb des Stadtbezirks wohnenden, höchstbesteuerten Personen können ihr Stimmrecht durch Bevollmächtigte ausüben. Die Bevollmächtigten müssen selbst stimmfähige Bürger sein. Ist die Vollmacht nicht in beglaubigter Form ausgestellt, so entscheidet über die Anerkennung derselben der Vorstand endgültig.

Zu Abs. 1: Der dritte Satz entstammt dem Ergänzungs-G. 1. 3. 91 und reprobirt die wiederholt ausgesprochene Ansicht des OVG. von der Unzulässigkeit einer Verbindung der Ersatz- und Ergänzungswahlen. — Wegen der Einheitlichkeit des Wahlaktes ist für die absolute Mehrheit die Zahl der Abstimmenden, nicht die der abgegebenen Stimmen maßgebend. OVG. 3. 11. 97 (Bd. 32 Seite 4). Jeder in der Liste Verzeichnete darf das Wahlrecht ausüben (OVG. 9.12. 96, Bd. 31 S. 8).

§ 26.

Gewählt sind diejenigen, welche bei der ersten Abstimmung die meisten Stimmen und zugleich absolute Stimmenmehrheit (mehr als die Hälfte der Stimmen) erhalten haben.

Wenn sich bei der ersten Abstimmung nicht für so viel Personen, als zu wählen sind, die absolute Stimmenmehrheit ergeben hat, wird zu einer zweiten Wahl geschritten.

Der Wahlvorstand stellt die Namen derjenigen Personen, welche nächst den gewählten die meisten Stimmen erhalten haben, so weit zusammen, daß die doppelte Zahl der noch zu wählenden Mitglieder erreicht wird. Diese Zusammenstellung gilt alsdann als die Liste der Wählbaren.

Zu der zweiten Wahl werden die Wähler durch eine, das Ergebniß der ersten Wahl angebende Bekanntmachung des Wahlvorstandes sofort oder spätestens innerhalb acht Tagen aufgefordert. Bei der zweiten Wahl ist die absolute Stimmenmehrheit nicht erforderlich.

Unter denjenigen, die eine gleiche Anzahl von Stimmen erhalten haben, giebt das Loos den Ausschlag.

Wer in mehreren Abtheilungen oder Wahlbezirken gewählt ist, hat zu erklären, welche Wahl er annehmen will.

Zu Abs. 4: Im übrigen gelten für diese Aufforderung zur zweiten Wahl die Regeln des § 23 (OVG. 28. 6. 87, Bd. 15 S. 34).

§ 27.

Die Wahlprotokolle sind vom Wahlvorstande zu unterzeichnen und vom Magistrat aufzubewahren. Der Magistrat hat das Ergebniß der vollendeten Wahlen sofort bekannt zu machen.

Gegen das stattgehabte Wahlverfahren kann von jedem stimmfähigen Bürger innerhalb zwei Wochen nach Bekanntmachung des Wahlergebnisses bei dem Magistrate Einspruch erhoben werden. (ZG. § 10 Abs. 2, §§ 11, 21.)

Ueber die Gültigkeit der Wahlen beschließt die Stadtverordneten-Versammlung. (ZG. § 10 Nr. 2.)

Bei erheblichen Unregelmäßigkeiten sind die Wahlen für ungültig zu erklären.

Für einen Ungültigkeitsgrund ist es nicht zu erachten, wenn die der betreffenden geistlichen Behörde anheimzugebende Hinweisung auf die Wichtigkeit der Wahl (§ 21) unterblieben ist.

Gegen den Beschluß der Stadtverordneten-Versammlung findet binnen zwei Wochen die, unmittelbar bei dem Bezirksausschusse anzubringende Klage statt, in Ansehung deren die gleichen Vorschriften wie im § 20 Absatz 6 zur Anwendung kommen.

Zu Abs. 2: Jedem Bürger, der das aktive Wahlrecht besitzt, steht der Einspruch zu ohne Rücksicht auf seine Eintragung in die Liste oder seine lokale Zugehörigkeit zu einem Bezirke oder einer Abteilung (OVG. 18. 10. 89, Bd. 18 S. 38). Zufolge der Vorschrift des § 10 ZG. kann jetzt der Einspruch auch materielle Rechtsvorschriften betreffen (OVG. 14. 3. 90, Bd. 19 S. 136).

Zu Abs. 3: Auch wenn kein Einspruch erfolgt ist (OVG. 17. 9. 86, Bd. 14 S. 56).

§ 28.

Die bei der regelmäßigen Ergänzung neu gewählten Stadtverordneten treten mit dem Anfang des nächstfolgenden Jahres ihre Verrichtungen an; die Ausscheidenden bleiben bis zur Einführung der neugewählten Mitglieder in Thätigkeit.

Der Magistrat hat die Einführung der Gewählten und deren Verpflichtung durch Handschlag an Eidesstatt anzuordnen.

Verzögert sich die Ergänzung, so bleiben die betreffenden alten Stadtverordneten auch über ihre 6jährige Wahlzeit in Funktion (Ministerial-Erlaß 23. 2. 61, MBl. S. 65). — Auch jeder einzelne bleibt bis zur Einführung seines Nachfolgers in Tätigkeit (OVG. 29. 6. 88, Bd. 16. S. 59).

Zu Abs. 2: Streitig ist, ob Anfang Januar auch die Einführung derjenigen neu gewählten Stadtverordneten erfolgen kann, deren Wahl angefochten, aber von der Versammlung noch nicht für ungültig erklärt worden ist.

Titel III.

Von der Zusammensetzung und Wahl des Magistrats.

§ 29.

Der Magistrat besteht aus dem Bürgermeister, einem Beigeordneten oder zweiten Bürgermeister als dessen Stellvertreter, einer Anzahl von Schöffen (Stadträthen, Rathsherren, Rathsmännern) und, wo das Bedürfniß es erfordert, noch aus einem oder mehreren besoldeten Mitgliedern (Syndikus, Kämmerer, Schulrath, Baurath ꝛc.). Es gehören zum Magistrat in Stadtgemeinden von weniger als

		2500	Einwohnern	2	Schöffen,
2500	bis	10000	„	4	„
10001	„	30000	„	6	„
30001	„	60000	„	8	„
60001	„	100000	„	10	„

Bei mehr als 100000 Einwohnern treten für jede weiteren 50000 Einwohner zwei Schöffen hinzu.

Wo die Zahl der Mitglieder des Magistrats bisher eine andere gewesen ist, verbleibt es bei dieser Zahl, bis durch statutarische Anordnung, welcher überhaupt abweichende Festsetzungen über die Zahl der Magistratsmitglieder vorbehalten werden, eine Aenderung getroffen ist.

§ 30.

Mitglieder des Magistrats können nicht sein:

1. diejenigen Beamten und die Mitglieder derjenigen Behörden, durch welche die Aufsicht des Staats über die Städte ausgeübt wird (§ 76);
2. die Stadtverordneten, ingleichen Gemeinde-Unterbeamte und in Städten über 10000 Seelen die Gemeinde-Einnehmer (§ 56 Nr. 6);
3. Geistliche, Kirchendiener und Lehrer an öffentlichen Schulen;
4. die richterlichen Beamten, zu denen jedoch die technischen Mitglieder der Handels-, Gewerbe- und ähnlicher Gerichte nicht zu zählen sind;
5. die Beamten der Staatsanwaltschaft;
6. die Polizeibeamten.

Vater und Sohn, Schwiegervater und Schwiegersohn, Brüder und Schwäger dürfen nicht zugleich Mitglieder des Magistrats sein.

Entsteht die Schwägerschaft im Laufe der Wahlperiode, so scheidet dasjenige Mitglied aus, durch welches das Hinderniß herbeigeführt worden ist.

Vater und Sohn, Schwiegervater und Schwiegersohn, sowie Brüder, dürfen nicht zugleich Mitglieder des Magistrats und der Stadtverordneten-Versammlung sein.

Personen, welche die in dem Gesetze vom 7. Februar 1835 (Gesetz-Sammlung Seite 18) bezeichneten Gewerbe betreiben, können nicht Bürgermeister sein.

Letztere Gewerbe sind Gast- und Schankwirtschaft.

§ 31.

Der Beigeordnete und die Schöffen (§ 29) werden auf sechs Jahre, der Bürgermeister und die übrigen besoldeten Magistrats-

Mitglieder dagegen auf zwölf Jahre von der Stadtverordneten-Versammlung gewählt. Auch können Beigeordnete mit Besoldung angestellt werden, und erfolgt in diesem Falle deren Wahl gleichfalls auf zwölf Jahre.

Alle drei Jahren scheidet die Hälfte der Schöffen aus und wird durch neue Wahlen ersetzt. Die das erste Mal Ausscheidenden werden durch das Loos bestimmt. Die Ausscheidenden können wieder gewählt werden. Wegen der außergewöhnlichen Ersatzwahlen kommt die Bestimmung § 21 zur Anwendung.

Die Wahl des Bürgermeisters und der übrigen besoldeten Magistratsmitglieder kann auch auf Lebenszeit erfolgen. (G. 25. 2. 56.)

Neuwahlen von besoldeten Magistratsmitgliedern aus Anlaß ablaufender Dienstzeit sollen in der Regel nicht früher als 1 Jahr und nicht später als 6 Monate vor dem Ablaufe vorgenommen werden; in außerordentlichen Erledigungsfällen aber sofort. Art. 9. Min.-Instr. zur Ausf. der StO. v. 20. 6. 53.

§ 32.

Für jedes zu wählende Mitglied des Magistrats wird besonders abgestimmt. Die Wahl erfolgt durch Stimmzettel. Wird die absolute Stimmenmehrheit bei der ersten Abstimmung nicht erreicht, so werden diejenigen vier Personen, auf welche die meisten Stimmen gefallen sind, auf eine engere Wahl gebracht. Wird auch hierdurch die absolute Stimmenmehrheit nicht erreicht, so findet unter denjenigen zwei Personen, welche bei der zweiten Abstimmung die meisten Stimmen erhalten haben, eine engere Wahl statt. Bei Stimmengleichheit entscheidet das Loos.

§ 33.

Die gewählten Bürgermeister, Beigeordneten, Schöffen und besoldeten Magistrats-Mitglieder bedürfen der Bestätigung. Die Bestätigung steht zu:

1. dem Könige hinsichtlich der Bürgermeister und Beigeordneten in Städten von mehr als 10000 Einwohnern;
2. dem Regierungs-Präsidenten hinsichtlich der Bürgermeister und Beigeordneten in Städten, welche nicht über 10000 Einwohner haben, sowie hinsichtlich der Schöffen

und der besoldeten Magistrats-Mitglieder in allen Städten, ohne Unterschied ihrer Größe[1]). (ZG. § 13 Abs. 1.)

Die Bestätigung kann von dem Regierungs-Präsidenten nur unter Zustimmung des Bezirksausschusses[1]) versagt werden. Lehnt der Bezirksausschuß die Zustimmung ab, so kann dieselbe auf den Antrag des Regierungs-Präsidenten durch den Minister des Innern ergänzt werden.

Wird die Bestätigung von dem Regierungs-Präsidenten unter Zustimmung des Bezirksausschusses[1]) versagt, so kann dieselbe auf Antrag des Magistrats oder der Stadtverordneten-Versammlung von dem Minister des Innern ertheilt werden. (ZG. § 13 Abs. 2. 3.)

Wird die Bestätigung endgültig versagt, so schreitet die Stadtverordneten-Versammlung zu einer neuen Wahl. Wird auch diese Wahl nicht bestätigt, so ist der Regierungs-Präsident[2]) berechtigt, die Stelle einstweilen auf Kosten der Stadt kommissarisch verwalten zu lassen.

Dasselbe findet statt, wenn die Stadtverordneten die Wahl verweigern, oder den nach der ersten Wahl nicht Bestätigten wieder erwählen sollten.

Die kommissarische Verwaltung dauert so lange, bis die Wahl der Stadtverordneten-Versammlung, deren wiederholte Vornahme ihr jederzeit zusteht, die Bestätigung des Königs, beziehungsweise des Regierungs-Präsidenten[2]) erlangt hat.

§ 34.

Die Mitglieder des Magistrats werden vor ihrem Amtsantritt durch den Bürgermeister in öffentlicher Sitzung der Stadtverordneten-Versammlung in Eid und Pflicht genommen; der Bürgermeister wird vom Regierungs-Präsidenten oder einem von diesem zu ernennenden Kommissar in öffentlicher Sitzung der Stadtverordneten-Versammlung vereidet.

---

[1]) In Berlin hat der Oberpräsident das Bestätigungsrecht der Stadträte; die event. Mitwirkung des Bezirks-Ausschusses (Abs. 2 und 3) fällt fort.

[2]) In Berlin ist der Oberpräsident zuständig.

verschiedenheit, wenn von einem Theile auf Entscheidung angetragen wird, und zugleich die Angelegenheit nicht auf sich beruhen kann. (ZG. § 17 Nr. 1.)

Die Stadtverordneten-Versammlung darf ihre Beschlüsse in keinem Falle selbst zur Ausführung bringen.

Zu Abs. 1: Über solche Beschlußfassungen. welche der Zustimmung des Magistrats nicht bedürfen, vgl. §§ 5a, 20, 24, 27, 31, 37, 38, 40, 41, 44 Abs. 2, 48, 74. Doch unterliegen auch solche Beschlüsse der Beanstandung gemäß § 77 StO. (OVG. 21. 9. 86, Bd. 14 S. 76).

Abs. 2 bezieht sich selbstverständlich nicht auf Beschlüsse, welche die Geschäftsordnung der Versammlung betreffen. Vgl. ferner u. a. § 44 Abs. 2.

§ 37.

Die Stadtverordneten-Versammlung kontrolirt die Verwaltung. Sie ist daher berechtigt, sich von der Ausführung ihrer Beschlüsse und der Verwendung aller Gemeinde-Einnahmen Ueberzeugung zu verschaffen. Sie kann zu diesem Zwecke von dem Magistrat die Einsicht der Akten verlangen, und Ausschüsse aus ihrer Mitte ernennen, zu welchen der Bürgermeister ein Mitglied des Magistrats abzuordnen befugt ist.

Das Recht der Kontrole steht also nicht den einzelnen Stadtverordneten, sondern der Versammlung als solcher zu.

In Sachen der Stadtverordneten-Vers. zu Stolp wider den Magistrat hat das OVG. unterm 6. 2. 03 entschieden, daß es dem Magistrat nicht verwehrt werden dürfe, auch in die Sitzungen der, in der StO. nicht vorgesehenen Ausschüsse einen Vertreter zu entsenden.

§ 38.

Die Stadtverordneten-Versammlung wählt jährlich einen Vorsitzenden, sowie einen Stellvertreter desselben, und einen Schriftführer, sowie einen Stellvertreter desselben aus ihrer Mitte; doch kann auch die Stelle des Schriftführers ein von den Stadtverordneten nicht aus ihrer Mitte gewählter, in öffentlicher Sitzung hierzu von dem Bürgermeister vereideter Protokollführer vertreten. Diese Wahlen erfolgen in dem § 32 vorgeschriebenen Verfahren.

Die Stadtverordneten versammeln sich, so oft es ihre Geschäfte erfordern.

Der Magistrat wird zu allen Versammlungen eingeladen und kann sich durch Abgeordnete vertreten lassen. Die Stadtverordneten können verlangen, daß Abgeordnete des Magistrats dabei anwesend sind. Der Magistrat muß gehört werden, so oft er es verlangt.

verschiedenheit, wenn von einem Theile auf Entscheidung angetragen wird, und zugleich die Angelegenheit nicht auf sich beruhen kann. (ZG. § 17 Nr. 1.)

Die Stadtverordneten-Versammlung darf ihre Beschlüsse in keinem Falle selbst zur Ausführung bringen.

Zu Abs. 1: Über solche Beschlußfassungen, welche der Zustimmung des Magistrats nicht bedürfen, vgl. §§ 5a, 20, 24, 27, 31, 37, 38, 40, 41, 44 Abs. 2, 48, 74. Doch unterliegen auch solche Beschlüsse der Beanstandung gemäß § 77 StO. (OVG. 21. 9. 86, Bd. 14 S. 76).

Abs. 2 bezieht sich selbstverständlich nicht auf Beschlüsse, welche die Geschäftsordnung der Versammlung betreffen. Vgl. ferner u. a. § 44 Abs. 2.

§ 37.

Die Stadtverordneten-Versammlung kontrolirt die Verwaltung. Sie ist daher berechtigt, sich von der Ausführung ihrer Beschlüsse und der Verwendung aller Gemeinde-Einnahmen Ueberzeugung zu verschaffen. Sie kann zu diesem Zwecke von dem Magistrat die Einsicht der Akten verlangen, und Ausschüsse aus ihrer Mitte ernennen, zu welchen der Bürgermeister ein Mitglied des Magistrats abzuordnen befugt ist.

Das Recht der Kontrole steht also nicht den einzelnen Stadtverordneten, sondern der Versammlung als solcher zu.

In Sachen der Stadtverordneten-Vers. zu Stolp wider den Magistrat hat das OVG. unterm 6. 2. 03 entschieden, daß es dem Magistrat nicht verwehrt werden dürfe, auch in die Sitzungen der, in der StO. nicht vorgesehenen Ausschüsse einen Vertreter zu entsenden.

§ 38.

Die Stadtverordneten-Versammlung wählt jährlich einen Vorsitzenden, sowie einen Stellvertreter desselben, und einen Schriftführer, sowie einen Stellvertreter desselben aus ihrer Mitte; doch kann auch die Stelle des Schriftführers ein von den Stadtverordneten nicht aus ihrer Mitte gewählter, in öffentlicher Sitzung hierzu von dem Bürgermeister vereideter Protokollführer vertreten. Diese Wahlen erfolgen in dem § 32 vorgeschriebenen Verfahren.

Die Stadtverordneten versammeln sich, so oft es ihre Geschäfte erfordern.

Der Magistrat wird zu allen Versammlungen eingeladen und kann sich durch Abgeordnete vertreten lassen. Die Stadtverordneten können verlangen, daß Abgeordnete des Magistrats dabei anwesend sind. Der Magistrat muß gehört werden, so oft er es verlangt.

§ 39.

Die Zusammenberufung der Stadtverordneten geschieht durch den Vorsitzenden; sie muß erfolgen, sobald es von einem Viertel der Mitglieder oder von dem Magistrat verlangt wird.

§ 40.

Die Art und Weise der Zusammenberufung wird ein- für allemal von der Stadtverordneten-Versammlung festgestellt.

Die Zusammenberufung erfolgt unter Angabe der Gegenstände der Verhandlung; mit Ausnahme dringender Fälle muß dieselbe wenigstens zwei freie Tage vorher statthaben.

§ 41.

Durch Beschluß der Stadtverordneten können auch regelmäßige Sitzungstage festgesetzt, es müssen jedoch auch dann die Gegenstände der Verhandlung mit Ausnahme dringender Fälle mindestens zwei freie Tage vorher den Stadtverordneten und dem Magistrat angezeigt werden.

§ 42.

Die Stadtverordneten-Versammlung kann nur beschließen, wenn mehr als die Hälfte der Mitglieder zugegen ist. Eine Ausnahme hiervon findet statt, wenn die Stadtverordneten, zum zweiten Male zur Verhandlung über denselben Gegenstand zusammenberufen, dennoch nicht in genügender Anzahl erschienen sind. Bei der zweiten Zusammenberufung muß auf diese Bestimmung ausdrücklich hingewiesen werden.

Bei Berechnung der „Hälfte“ ist die gesetzlich, bezw. statutarisch, vorgeschriebene Mitgliederzahl zu Grunde zu legen, nicht die Zahl der tatsächlich amtierenden Mitglieder (OVG. 16. 4. 89, Bd. 18 S. 48).

§ 43.

Die Beschlüsse werden nach Stimmenmehrheit gefaßt. Bei Stimmengleichheit entscheidet die Stimme des Vorsitzenden. Wer nicht mitstimmt, wird zwar als anwesend betrachtet, die Stimmenmehrheit wird aber lediglich nach der Zahl der Stimmenden festgestellt.

§ 44.

An Verhandlungen über Rechte und Verpflichtungen der Stadtgemeinde darf derjenige nicht Theil nehmen, dessen Interesse mit dem der Gemeinde in Widerspruch steht. Kann wegen dieser

Ausschließung eine beschlußfähige Versammlung nicht gehalten werden, so hat der Magistrat, oder, wenn auch dieser aus dem vorgedachten Grunde einen gültigen Beschluß zu fassen nicht befugt ist, der Bezirksausschuß[1]) für die Wahrung des Gemeinde-Interesses zu sorgen und nöthigenfalls einen besonderen Vertreter für die Stadtgemeinde zu bestellen. (ZG. § 17 Nr. 2.)

Sollte ein Prozeß der Stadtgemeinde gegen alle oder mehrere Mitglieder des Magistrats aus Veranlassung ihrer Amtsführung nothwendig werden, so hat der Regierungs-Präsident[2]) auf Antrag der Stadtverordneten-Versammlung zur Führung des Prozesses einen Anwalt zu bestellen.

§ 45.

Die Sitzungen der Stadtverordneten sind öffentlich. Für einzelne Gegenstände kann durch besonderen Beschluß, welcher in geheimer Sitzung gefaßt wird, die Oeffentlichkeit ausgeschlossen werden. Die Sitzungen dürfen nicht in Wirthshäusern oder Schänken gehalten werden.

§ 46.

Der Vorsitzende leitet die Verhandlungen, eröffnet und schließt die Sitzungen und handhabt die Ordnung in der Versammlung. Er kann jeden Zuhörer aus dem Sitzungszimmer entfernen lassen, welcher öffentliche Zeichen des Beifalls oder des Mißfallens giebt oder Unruhe irgend einer Art verursacht.

§ 47.

Die Beschlüsse der Stadtverordneten-Versammlung und die Namen der dabei anwesend gewesenen Mitglieder sind in ein besonderes Buch einzutragen. Sie werden von dem Vorsitzenden und wenigstens drei Mitgliedern unterzeichnet.

Dem Magistrat müssen alle Beschlüsse der Stadtverordneten, auch diejenigen, welche ihm durch das Gesetz zur Ausführung nicht überwiesen sind, mitgetheilt werden.

---

[1]) In diesem Falle auch in Berlin (ZG. § 161).
[2]) In Berlin der Oberpräsident (ZG. § 7).

§ 48.

Den Stadtverordneten-Versammlungen bleibt es überlassen, unter Zustimmung des Magistrats eine Geschäftsordnung abzufassen und darin Zuwiderhandlungen der Mitglieder gegen die zur Aufrechterhaltung der Ordnung gegebenen Vorschriften mit Strafen zu belegen; diese Strafen können nur in Geldbußen bis zu fünfzehn Mark, und bei mehrmals wiederholten Zuwiderhandlungen in der auf eine gewisse Zeit oder für die Dauer der Wahlperiode zu verhängenden Ausschließung aus der Versammlung bestehen.

Versagt der Magistrat seine Zustimmung, so tritt das im § 36 vorgeschriebene Verfahren ein.

Die Stadtverordneten-Versammlung beschließt über die Strafen, welche gegen ihre Mitglieder wegen Zuwiderhandlung gegen die Geschäftsordnung zu verhängen sind. (ZG. § 10.) Der Beschluß bedarf keiner Genehmigung oder Bestätigung von Seiten des Magistrats oder der Aufsichtsbehörde. Gegen den Beschluß findet binnen zwei Wochen die, unmittelbar bei dem Bezirksausschusse anzubringende Klage statt, welche auch dem Magistrat zusteht. Die Stadtverordneten-Versammlung beziehungsweise der Magistrat können zur Wahrnehmung ihrer Rechte im Verwaltungsstreitverfahren einen besonderen Vertreter bestellen. (ZG. §§ 11, 21; LVG. § 63.)

Ein Disziplinarverfahren kann gegen Stadtverordnete niemals stattfinden (§ 80; ZG. § 20 Abs. 3). — In der Geschäftsordnung können auch Strafen wegen unentschuldigten Ausbleibens festgesetzt werden (OVG. 9. 5. 99, Bd. 35 S. 83).

§ 49.

Die Stadtverordneten beschließen über die Benutzung des Gemeindevermögens; die Deklaration vom 26. Juli 1847 (GS. S. 327) bleibt dabei maßgebend.

Ueber das Vermögen, welches nicht der Gemeindekorporation in ihrer Gesammtheit gehört, kann die Stadtverordneten-Versammlung nur in sofern beschließen, als sie dazu durch den Willen der Betheiligten oder durch sonstige Rechtstitel berufen ist.

Auf das Vermögen der Korporationen und Stiftungen haben die zur Stadtgemeinde gehörenden Einwohner (§ 3) als solche, und auf dasjenige Vermögen, welches bloß den Hausbesitzern oder anderen Klassen der Einwohner gehört, haben andere Personen keinen Anspruch.

In Ansehung der Verwaltung und Verwendung des Vermögens der Stiftungen bewendet es bei den stiftungsmäßigen Bestimmungen. Soweit es hierbei auf den Begriff von Bürger ankommt, sind die Bestimmungen des gegenwärtigen Gesetzes (§ 5) an sich selbst nicht maßgebend.

Zu Abs. 1: Die Dekl. ist zur Gemeinheitsteilungs-O. v. 7. 6. 21 ergangen und verbietet, daß Kämmerei- oder auch Bürger-Vermögen durch Gemeinheitsteilung in Privatvermögen der Gemeindemitglieder verwandelt wird.

§ 50.

Die Genehmigung des **Bezirksausschusses**[1], in dem **Falle zu Ziffer 2 des Regierungs-Präsidenten**[1], ist erforderlich:

1. zur Veräußerung von Grundstücken und solchen Gerechtsamen, welche jenen gesetzlich gleichgestellt sind;
2. zur Veräußerung oder wesentlichen Veränderung von Sachen, welche einen besonderen wissenschaftlichen, historischen oder Kunstwerth haben, namentlich von Archiven oder **Theilen derselben**;
3. zu Anleihen, durch welche die Gemeinde mit einem Schuldenbestand belastet, oder der bereits vorhandene vergrößert wird, und
4. zu Veränderungen in dem Genusse von Gemeindenutzungen (Wald, Weide, Haide, Torfstich und dergleichen). (ZG. § 16 Abs. 1 u. 3.)

Der vorbehaltlos geschlossene Vertrag der Stadtgemeinde mit dem Dritten ist schon vor der Genehmigung perfekt (RGer. 9. 6. 81, Zeitschr. f. Preuß. R. II S. 232, PVBl. III S. 14).

Zu Ziff. 3: Anleihen vermittelst der Ausgabe von Inhaberpapieren, sog. Stadtobligationen setzen außerordentliche, auch auf die Zukunft berechnete Zwecke voraus und bedürfen der, auf Grund Kgl. Ermächtigung erteilten Genehmigung des Finanzministers u. Min. d. Innern. Art. 8. V. 16. 11. 99. GS. S. 562. Die Grundsätze enthalten MinR. 1. 6. 91 (MBl. S. 84), 6. 8. 92 (MBl. S. 321). Allgemeine Vorschriften: BGB. §§ 793—808, Einf. G. Art. 99ff, Ausf. G. Art. 17. 18, MinR. 31. 1. u. 16. 7. 00 (MBl. S. 81 u. 224).

---

[1] In Berlin des Oberpräsidenten (ZG. § 7; LVG. §§ 42, 43).

§ 51.

Die freiwillige Veräußerung von Grundstücken u. s. w. (§ 50 Nr. 1) darf nur im Wege der Lizitation auf Grund einer Taxe stattfinden.

Zur Gültigkeit der Lizitation gehört:

1. einmalige Bekanntmachung durch das Amtsblatt des Regierungsbezirks und die für Bekanntmachungen des Magistrats üblichen öffentlichen Blätter;
2. eine Frist von sechs Wochen von der Bekanntmachung bis zum Lizitationstermine, und
3. Abhaltung dieses Termins durch eine Justiz- oder Magistratsperson.

Das Ergebniß der Lizitation ist der Stadtverordneten-Versammlung mitzutheilen und kann nur mit deren Genehmigung der Zuschlag ertheilt werden.

In besonderen Fällen kann der Bezirksausschuß[1]) auch den Verkauf aus freier Hand, sowie einen Tausch gestatten, sobald er sich überzeugt, daß der Vortheil der Gemeinde dadurch gefördert wird. (ZG. § 16 Abs. 3.)

Für das Grundbuchamt genügt zum Nachweise, daß der Vorschrift dieses Paragraphen genügt worden, die Bestätigung des Vertrages durch den Bezirksausschuß[1]). ZG. § 16 Abs. 3.)

§ 52.

Durch Gemeindebeschluß, welcher der Genehmigung des Bezirksausschusses[1]) bedarf (ZG. § 16 Abs. 3.), kann die Entrichtung von

1. Bürgerrechtsgeld bei Erwerb des Bürgerrechtes (§ 5),
2. Einkaufsgeld anstatt oder neben einer jährlichen Abgabe für die Theilnahme an den Gemeindenutzungen (§ 50 Nr. 4)

angeordnet werden.

Wird die Entrichtung eines Bürgerrechtsgeldes eingeführt, so darf vor dessen Berichtigung das Bürgerrecht nicht ausgeübt werden.

---

[1]) In Berlin des Oberpräsidenten (ZG. § 7; LVG. §§ 42, 43).

Abstufungen in dem Betrage der Abgabe sind statthaft. Sie darf innerhalb derselben Gemeinde von Niemandem zweimal erhoben werden.

Von der Zahlung des Bürgerrechtsgeldes sind befreit die unmittelbaren und mittelbaren Staatsbeamten, die Lehrer und Geistlichen, welche gemäß dienstlicher Verpflichtung ihren Wohnsitz in der Stadt nehmen, Militärpersonen, welche sich zwölf Jahre im aktiven Dienststande befunden haben, bei der ersten Niederlassung, sowie die vorstehend erwähnten Personen bei der ersten Verlegung des Wohnsitzes nach ihrem Ausscheiden aus dem aktiven Dienste. Die Zulassung zum Gewerbebetriebe soll in keiner Gemeinde und bei keinem Gewerbe von dem Besitze des Bürgerrechts abhängig sein. Nach dem begonnenen Gewerbebetriebe ist, soweit dies in der bestehenden Gemeindeverfassung begründet ist, der Gewerbetreibende auf Verlangen des Magistrats nach Ablauf von 3 Jahren verpflichtet, das Bürgerrecht zu erwerben. Es darf jedoch in diesem Falle von ihm das sonst vorgeschriebene oder übliche Bürgerrechtsgeld nicht gefordert und ebenso nicht verlangt werden, daß er sein anderweit erworbenes Bürgerrecht aufgebe.

Durch die Entrichtung des Einkaufsgeldes wird die Ausübung des Bürgerrechts niemals bedingt. Die Verpflichtung zur Zahlung des Einkaufsgeldes, sowie der demselben entsprechende Abgabe bei der Begründung eines selbständigen Hausstandes, ruht, so lange auf die Theilnahme an den Gemeindenutzungen verzichtet wird.

Hinsichtlich der Verjährung und der Reklamationen findet das Gesetz vom 18. Juni 1840 jedoch nur mit der Maßgabe Anwendung, daß die nicht zur Hebung gestellten Bürgerrechts- und Einkaufsgelder erst in zwei Jahren nach Ablauf desjenigen Jahres, in welchem die Zahlungsverbindlichkeit entstanden ist, verjähren. (G. 14. 5. 60, betr. das Einzugs-, Bürgerrechts- u. Einkaufsgeld, noch gültig in den §§ 2, 6—9; G. 2. 3. 67, betr. die Aufhebung der Einzugsgelder und gleichartigen Kommunalabgaben; Reichs-Gew.-O. § 13; KAG. § 96 Abs. 7.)

Die mit dem Besitze einzelner Grundstücke verbundenen oder auf sonstigen besonderen Rechtstiteln beruhenden Nutzungsrechte sind den Bestimmungen dieses Paragraphen nicht unterworfen.

Es ist, wenn auch nicht der Erwerb, so doch die Ausübung des Bürgerrechts von der Entrichtung des Bürgerrechtsgeldes abhängig. Ein Statut ist nicht erforlich (OVG. 9. 5. 93, Bd. 25 S. 14).

Für Beschwerde- und Verwaltungsstreitverfahren, betreffend die Entrichtung von Bürgerrechts- oder Einkaufsgeld, greift ZG. § 18 Nr. 2 Platz, weil die §§ 69, 70 KAG. Bürgerrechts- und Einkaufsgeld nicht betreffen. Die Einspruchsfrist beträgt, da das Bürgerrechtsgeld als indirekte Abgabe im Sinne des § 2 G. 18. 6. 40 anzusehen ist, nach § 2 das. ein Jahr; von einem Nichtpreußen kann es nicht gefordert werden. OVG. 20. 10. 97 PVBl. XIX S. 175; auch nicht von Bürgern, die es durch Eingemeindung geworden sind, das. XX S. 310).

§ 53.

Soweit die Einnahmen aus dem städtischen Vermögen nicht hinreichen, um die durch das Bedürfniß oder die Verpflichtungen der Gemeinde erforderlichen Geldmittel zu beschaffen, haben die Gemeindebehörden die Aufbringung von Gemeindeabgaben gemäß des Kommunalabgabengesetzes vom 14. Juli 1893 zu beschließen.

§ 54.

Auch über die Leistung von Diensten kann nach Maßgabe der Bestimmungen des Kommunalabgabengesetzes beschlossen werden.

§ 55.

Die in Bezug auf die Behandlung der Gemeindewaldungen für die einzelnen Landestheile erlassenen Gesetze und Bestimmungen bleiben in Kraft, bis ihre Aenderung in gesetzlichem Wege erfolgt sein wird.

Vergl. ZG. § 16 Abs. 2. — Jetzt ist maßgebend das G. 14. 8. 76, betr. die Verwaltung der den Gemeinden und öffentlichen Anstalten gehörigen Holzungen. Die Aufsichtsbehörde ist hier nicht die Kommunalaufsichtsbehörde (Regierungspräsident oder Landrat) sondern der Regierungspräsident allein (OVG. 10. 7. 94, Bd. 27 S. 296).

Titel V.

Von den Geschäften des Magistrats.

§ 56.

Der Magistrat hat als Ortsobrigkeit und Gemeinde-Verwaltungsbehörde insbesondere folgende Geschäfte:

1. die Gesetze und Verordnungen, sowie die Verfügungen der ihm vorgesetzten Behörden auszuführen;
2. die Beschlüsse der Stadtverordneten-Versammlung vorzubereiten und, sofern er sich mit denselben einverstanden erklärt, zur Ausführung zu bringen.

Der Magistrat ist verpflichtet, die Zustimmung und Ausführung zu versagen, wenn von den Stadtverordneten ein Beschluß gefaßt ist, welcher deren Befugnisse überschreitet, gesetz- oder rechtswidrig ist, das Staatswohl oder das Gemeinde-Interesse verletzt. In den beiden ersten Fällen dieser Art ist nach den Bestimmungen im § 15 des Gesetzes über die Zuständigkeit der Verwaltungs- und Verwaltungsgerichtsbehörden vom 1. August 1883 (§ 77 dieser Städteordnung), im Uebrigen nach den Bestimmungen im § 36 zu verfahren;
3. die städtischen Gemeinde-Anstalten zu verwalten, und diejenigen, für welche besondere Verwaltungen eingesetzt sind, zu beaufsichtigen;
4. die Einkünfte der Stadtgemeinde zu verwalten, die auf dem Etat oder besonderen Beschlüssen der Stadtverordneten beruhenden Einnahmen und Ausgaben anzuweisen und das Rechnungs- und Kassenwesen zu überwachen. Von jeder regelmäßigen Kassenrevision ist der Stadtverordneten-Versammlung Kenntniß zu geben, damit sie ein Mitglied oder mehrere abordnen könne, um diesem Geschäfte beizuwohnen; bei außerordentlichen Kassenrevisionen ist der Vorsitzende oder ein von demselben ein- für allemal bezeichnetes Mitglied der Stadtverordneten-Versammlung zuzuziehen;
5. das Eigenthum der Stadtgemeinde zu verwalten und ihre Rechte zu wahren;
6. die Gemeindebeamten, nachdem die Stadtverordneten darüber vernommen worden, anzustellen und zu beaufsichtigen. Die Anstellung erfolgt, gemäß des Gesetzes betreffend die Anstellung und Versorgung der Kommunalbeamten vom 30. Juli 1899. Die von den Gemeindebeamten zu leistenden Kautionen bestimmt der

Magistrat nach Anhörung der Stadtverordneten-Versammlung. In Städten bis zu 10000 Einwohnern (§ 30 2) können die Geschäfte des Gemeinde-Einnehmers nach Vernehmung der Stadtverordneten-Versammlung und mit Zustimmung des Bezirksausschusses dem Kämmerer übertragen werden; (ZG. § 16 Abs. 3.)

7. die Urkunden und Akten der Stadtgemeinde aufzubewahren;
8. die Stadtgemeinde nach Außen zu vertreten und Namens derselben mit Behörden und Privatpersonen zu verhandeln, den Schriftwechsel zu führen und die Gemeinde-Urkunden in der Urschrift zu vollziehen. Die Ausfertigungen der Urkunden werden Namens der Stadtgemeinde von dem Bürgermeister oder seinem Stellvertreter gültig unterzeichnet; werden in denselben Verpflichtungen der Stadtgemeinde übernommen, so muß noch die Unterschrift eines Magistrats-Mitgliedes hinzukommen; in Fällen, wo die Genehmigung der Aufsichtsbehörde erforderlich ist, muß dieselbe in beglaubigter Form der gedachten Ausfertigung beigefügt werden;
9. die städtischen Gemeindeabgaben und Dienste nach den Gesetzen und Beschlüssen auf die Verpflichteten zu vertheilen und die Beitreibung zu bewirken.

Der Magistrat hat zur Ausübung seiner Gewalt als Ortsobrigkeit die in § 132 ff. des LVG. gedachten Zwangsbefugnisse.

Zu Ziff. 2: Der Einspruch steht also dem Magistrat, nicht dem Bürgermeister allein zu. — Der Magistrat hat auch die Art und Weise der Veröffentlichung der Gemeindebeschlüsse zu bestimmen unter Vorbehalt entsprechender Anordnungen der Aufsichtsbehörde. (RGer. 14. 11. 98 (Bd. 42 S. 309).

Zu Ziff. 3: Selbstverständlich will Ziffer 3 nicht besagen, daß die Stadtverordneten hinsichtlich der Aufstellung der allgemeinen Grundsätze der Anstaltsverwaltung nicht mitwirken sollen. — Der Magistrat vertritt auch nach außen die städtische Sparkasse, wenn deren Statuten nicht ausdrücklich etwas anderes bestimmen. — Die Veränderungen im Sparkassenwesen nach Inkrafttreten des BGB. betrifft Allg. V. 14. 11. 99 (MBl. S. 234); das Verhältnis der kommunalen Sparkassen zu den Zweigvereinen des deutschen Sparkassenverbandes V. 23. 3. 01 (MBl. S. 115). Aus den Mitteln kommunaler Sparkassen dürfen Darlehen an die eigenen Garantieverbände bis zu 25% und außerdem noch an andere kommunale Verbände ebenfalls bis zu 25% des Einlagebestandes der Sparkassen, im Ganzen mithin bis zu 50% des Einlagebestandes verwendet werden. V. 5. 11. 02 (MBl. S. 190).

Zu Ziff. 6: Durch das am 1. April 1900 in Kraft getretene Kommunalbeamten G. v. 30. 7. 99 (GS. S. 141, Ausf. Anw. MBl. S. 192), welches in wichtigen Beziehungen die Anstellung und Versorgung der Kommunalbeamten regelt, sind namentlich die Bestimmungen der §§ 56. 64 und 65 StO. geändert worden. Das Gesetz bezieht sich nicht auf Personen, welche ein Kommunalamt nur als Nebenamt oder als Nebentätigkeit ausüben, oder ein Kommunalamt führen, das seiner Art oder seinem Umfange nach nur als eine Nebentätigkeit anzusehen ist. Die Begründung der Beamteneigenschaft erfordert Anstellung für den Kommunaldienst gegen Besoldung durch Aushändigung einer Anstellungsurkunde. Soweit nicht, namentlich bei Dienstleistungen rein technischer, wissenschaftlicher, künstlerischer (oder, worauf der ursprüngliche Text der StO. Gewicht legt, mechanischer) Natur durch Ortsstatut, bezw. in einzelnen Fällen mit Genehmigung der Aufsichtsbehörde, Ausnahmen gemacht sind, erfolgt die Anstellung auf Lebenszeit. Bezüglich der Beamten der städtischen Betriebsverwaltungen ist zur Anstellung auf Lebenszeit Gemeindebeschluß erforderlich. Der Kreis der Betriebsverwaltungen kann ortsstatutarisch festgestellt werden. Soweit Kündigung zulässig ist, erfordert sie Magistratsbeschluß. Beschäftigung auf Probe, in der Regel bis zur Dauer von 2 Jahren, kann mit oder ohne Anstellung erfolgen, unter Regelung der Annahmebedingungen vor dem Antritte der Beschäftigung. Probeweise, vorübergehend oder vorbereitungsweise Beschäftigte müssen als Beamte angestellt werden, wenn ihnen obrigkeitliche Funktionen übertragen werden. §§ 8—10 G. 30. 7. 99. Ausf. Anw. I 5. Die §§ 8—10 finden auf Gemeindeforstbeamte keine Anwendung, § 23 u. Ausf. Anw. Art VII. — Die städtischen Polizeibeamten bedürfen der Bestätigung des Regierungspräsidenten (§ 4 G. über die Polizeiverwaltung 11. 3. 50).

Es ist Tatfrage des einzelnen Falles, ob eine Stadtgemeinde zur Durchführung solcher Unternehmungen, bei denen die Ausübung obrigkeitlicher Befugnisse in keiner Weise stattfindet, Beamte berufen oder sich die erforderlichen Hilfskräfte durch Eingehung vertragsmäßiger Verhältnisse beschaffen will (OVG. 20. 11. 91, Bd. 22 S. 70). Die Nichtberücksichtigung erheblicher Ausstellungen der Stadtverordneten-Versammlung macht die Wahl eines Beamten ungültig (OTr. 5. 3. 58, Striethorst Archiv Bd. 29 S. 190). — Der § 14 ZG. (wonach über die Giltigkeit von Gemeinde-Beamten-Wahlen unter Umständen dem Bezirksausschusse die Beschlußfassung zustehen kann) greift hier nicht Platz. — Hinsichtlich der Verpflichtung zur Anstellung von Militär-Anwärtern ist für die Städte maßgebend das G. 21. 7. 92, welches die für die Reichs- und Staatsbehörden in dieser Hinsicht geltenden Grundsätze (MBl. 82 S. 225) unter Berücksichtigung der Verschiedenheit der beiderseitigen Verhältnisse auf die Kommunalverbände überträgt (Ausführungs-Zirkular 30. 9. 92, MBl. S. 285). Diese, an die Pensions- und Versorgungsgesetze der Militärpersonen (§§ 58, 75, 77, RG. 27. 6. 71, § 10 RG. 4. 4. 74, Art. 12 RG. 22. 5. 93) sich anschließenden Grundsätze sind durch Bundesrats Beschl. 28. 6. 99 neu gefaßt. (RCBl. S. 268ff., MBl. 1900 S. 47); dazu MinR. 1. 12. 99 (MBl. 1900 S. 54). Die Grundsätze sind als reichsrechtliche Verordnungen anzusehen. RGer. 26. 3. 01 (Bd. 48 S. 84).

Hervorzuheben ist: Militäranwärter ist jeder Inhaber des Zivilversorgungsscheines, welcher 2 Jahre lang im Besitze der preußischen Staatsangehörigkeit ist. Ausschließlich mit MilAnw. sind zu besetzen: 1. die Stellen im Kanzleidienst einschließlich derjenigen der Lohnschreiber; 2. sämtliche Stellen, deren Obliegenheiten im wesentlichen in mechanischen Dienstleistungen bestehen (§ 3). Mindestens zur Hälfte mit MilAnw. sind zu besetzen die Stellen der Subalternbeamten im Bureaudienst, ausgenommen: 1. die Stellen, für welche eine besondere wissenschaftliche oder technische Vorbildung erfordert wird; 2. die Stellen derjenigen Kassenvorsteher, welche eigene Rechnung zu legen haben, derjenigen Kassenbeamten, welche Kassengelder einzunehmen, zu verwahren oder auszugeben und derjenigen, welche selbständig das Kassen- und Rechnungswesen zu kontrollieren haben; 3. in Städten mit mehr als 40000 Einwohnern die Stellen der an die Spitze eines Bureauorganismus (nicht einzelner Bureauabteilungen) gestellten Vorsteher (§ 4). In welchem Umfange die nicht unter die §§ 3 und 4 fallenden Subaltern- und Unterbeamtenstellen mit MilAnw. zu besetzen sind, ist unter Berücksichtigung der Anforderungen des Dienstes und sinngemäßer Zugrundelegung der für die Reichs- und Staatsbehörden jeweilig geltenden Verzeichnisse über die den MilAnw. vorbehaltenen Stellen zu bestimmen (§ 5) Über die den Militär-Anwärtern vorbehaltenen Stellen werden nach Beamtenklassen geordnete Verzeichnisse geführt. Welche Subaltern- und Unterbeamtenstellen und gegebenenfalls, in welcher Anzahl dieselben den MilAnw. vorzubehalten sind, hat die Kommunalaufsichtsbehörde festzustellen (§ 16). Die Berücksichtigung der Bewerbungen setzt genügende Befähigung und die Ablegung der für gewisse Dienststellungen oder Gattungen derselben vorgeschriebenen Prüfungen voraus. Die Zulassung zur Prüfung oder die Annahme der Bewerbung überhaupt können erforderlichenfalls (d. h., wenn die Eigentümlichkeit des Dienstzweiges dies erheischt, nicht aber aus anderen, z. B. finanziellen Rücksichten, im allgemeinen auch nicht für die unteren Stellen des Polizeidienstes, MR. 31. 12. 94, MBl. 95 S. 3) von einer vorgängigen informatorischen, in der Regel nicht über 3 Monate auszudehnenden Beschäftigung in dem betreffenden Dienstzweige abhängig gemacht werden. Muß von einer regelrechten Besetzung einzelner Beamtenstellen gemäß §§ 4 und 5 mit MilAnw. abgewichen werden, so hat unter Bereitstellung anderer Stellen eine Ausgleichung stattzufinden; auch die Unterbrechung der Reihenfolge auf Grund ausnahmsweiser Verleihung (§ 8) bezw. die Besetzung einer ausschließlich den MilAnw. vorbehaltenen Stelle mit einem Bediensteten des Kommunalverbandes ist auszugleichen (§§ 6, 9). —

Militär-Anwärter können ebensowenig, wie andere Beamte (unten § 64 Abs. 6) im o. Rechtswege für die Zeit vor der Anstellung etatsmäßiges Stellengehalt einklagen oder wegen verspäteter Anstellung Schadenersatz fordern. (RG. i. S. Rogge und Gen. wider Berlin.)

Zu Ziff. 8: Dritten gegenüber verpflichtet der Magistrat die Stadtgemeinde, auch wenn er bei Verträgen u. s. w. seine Befugnisse überschritten, namentlich ohne die notwendige Zustimmung der Stadtverordneten-Versammlung gehandelt hat (RObHGer. 24. 4. 74, Bd. 13 S. 332).

Bei vorangegangener Offerte stellt das Schriftstück, welches die Annahme mitteilt, die Ausfertigung der Urkunde dar, worin die Verpflichtung der Stadtgemeinde übernommen wird (RGer. 27. 9. 93, Bd. 31 S. 325). Der Stadtgemeinde kann eine vertragsmäßige Verbindlichkeit nur erwachsen, wenn der Magistrat für die Stadt eine solche Verbindlichkeit in einer vom Bürgermeister oder seinem Stellvertreter und einem zweiten Magistratsmitgliede unterzeichneten Urkunde übernimmt. RGer. 27. 9. 99 (Bd. 44 S. 303).

Ist die Stadtgemeinde Kontrahent, wenn es sich um die Übertragung des Eigentums eines Grundstückes handelt, so wird, statt der nach § 313 BGB. erforderlichen gerichtlichen oder notariellen Beurkundung, die Beurkundung durch einen vom Bürgermeister bestellten Urkundsbeamten gültig vorgenommen. Art. 12 § 2 Preuß. AG. zum BGB.

Da Sparkassenbücher städtischer Sparkassen keine die Stadtgemeinde verpflichtende Urkunden bilden, so sind sie nach Ziffer 13 des Reglements v. 31. 12. 38 von der „Sparkasse" auszustellen und daher nur von ein bezw. zwei Mitgliedern des als städtische Deputation (§ 59 StO.) anzusehenden Sparkassenkuratoriums zu vollziehen (MR. 11. 11. 95. MBl. S. 246.)

Zu Ziff. 9: Für die Beitreibung gilt die V. 15. 11. 99, betreffend die Zwangsvollstreckung in Verwaltungssachen. — Selbst zur Erzwingung von Gemeindediensten dürfen sich die Gemeinden der Zwangsbefugnisse des § 132 LVG. nicht bedienen. OVG. 7. 12. 00 (PVBl. XXIII S. 52); s. KAG. § 90).

§ 57.

Der Magistrat kann nur beschließen, wenn mindestens die Hälfte, in Stadtgemeinden, welche mehr als 100000 Einwohner haben, mindestens ein Drittel seiner Mitglieder zugegen ist.

Die Beschlüsse werden nach Stimmenmehrheit gefaßt. Bei Stimmengleichheit ist die Stimme des Vorsitzenden entscheidend. Den Vorsitz führt der Bürgermeister oder sein Stellvertreter. Der Vorsitzende ist verpflichtet, wenn ein Beschluß des Magistrats dessen Befugnisse überschreitet, gesetz- oder rechtswidrig ist, das Staatswohl oder das Gemein-Interesse verletzt, die Ausführung eines solchen Beschlusses zu beanstanden. Es beschließt, soweit nicht die Bestimmungen im § 15 des Gesetzes über die Zuständigkeit der Verwaltungs- und Verwaltungsgerichtsbehörden vom 1. August 1883 (§ 77 dieser Städteordnung) zur Anwendung zu bringen sind, der Bezirksausschuß[1]) über die zwischen dem Vorsitzenden und dem Magistrats-Kollegium entstandenen Meinungsverschiedenheiten, wenn von einem Theile auf Ent-

[1]) In Berlin der Oberpräsident.

scheidung angetragen wird, und zugleich die Angelegenheit nicht auf sich beruhen kann. Der Beigeordnete nimmt auch außer dem Falle der Stellvertretung an den Verhandlungen und Beschlüssen Theil. (ZG. § 17 Nr. 1.)

Bei Berathungen über solche Gegenstände, welche das Privat-Interesse eines Mitgliedes des Magistrats oder seiner Angehörigen berühren, muß dasselbe sich der Theilnahme an der Berathung und Abstimmung enthalten, auch sich während der Berathung aus dem Sitzungszimmer entfernen.

Zu Abs. 2: ZG. § 17 Nr. 1 kommt also zur Anwendung, wenn der Beschluß wegen Verletzung des Staatswohls oder des Gemeininteresses beanstandet ist.

Zu Abs. 3: Wird durch Privatinteressen der Mitglieder der Magistrat beschlußunfähig, so erübrigt nur, von Aufsichtswegen einen Kommissar ad hoc zu bestellen und ihm die Beschlußfassung zu übertragen (OVG. 9. 5. 93, Bd. 25 S. 46). — Bemerkenswert ist die schärfere Fassung des Textes gegenüber § 44 Satz 1.

§ 58.

Der Bürgermeister leitet und beaufsichtigt den ganzen Geschäftsgang der städtischen Verwaltung.

In allen Fällen, wo die vorherige Beschlußnahme durch den Magistrat einen nachtheiligen Zeitverlust verursachen würde, muß der Bürgermeister die dem Magistrat obliegenden Geschäfte vorläufig allein besorgen, jedoch dem letzteren in der nächsten Sitzung Behufs der Bestätigung oder anderweitigen Beschlußnahme Bericht erstatten.

Zur Erhaltung der nöthigen Disziplin steht dem Bürgermeister das Recht zu, den Gemeindebeamten Geldbußen bis zu neun Mark und außerdem den unteren Beamten Arreststrafen bis zu drei Tagen aufzulegen (§§ 15, 19 und 20 des Gesetzes vom 21. Juli 1852, Gesetz-Sammlung Seite 465).

Gegen die Strafverfügungen des Bürgermeisters findet innerhalb zwei Wochen die Beschwerde an den Regierungs-Präsidenten[1]) und gegen den auf die Beschwerde ergehenden Beschluß des Regierungs-Präsidenten[1]) innerhalb zwei Wochen die Klage bei dem Oberverwaltungsgerichte statt, welche unmittelbar bei dem letzeren anzubringen ist. (ZG. § 20 LVG. § 63.)

[1]) In Berlin ist der Oberpräsident zuständig.

Zu Abs. 1: Für den Geschäftsgang soll nach Art. XIII der Ausführungs-Instruktion zur StO. vom 20. 6. 53 (MBl. S. 138) die Instruktion für die Stadtmagistrate v. 25. 5. 35 maßgebend sein, soweit dies mit der StO. verträglich ist[1]). — Hinsichtlich der Beurlaubung der Magistratsmitglieder s. MR. 5. 12. 67, abgedruckt zugleich mit der V. betr. die Beurlaubung der mit der Handhabung der Polizei betrauten Mag. Personen 10. 12. 98 (MBl. 99 S. 4). — Für die Übernahme von Nebenämtern sah der Erl. 31. 12. 45 (MBl. 46 S. 3) amtliche Genehmigung vor. Dieser Erl. hat durch spätere, insbesondere den v. 21. 1. 82 (MBl. S. 47) eine Einschränkung dahin erfahren, daß es dem geltenden Städteverfassungsrechte nicht entspricht, die Übernahme von Nebenämtern oder sonstigen Nebenbeschäftigungen seitens eines Bürgermeisters oder besoldeten Magistratsmitgliedes, insbesondere auch die Übernahme der Funktionen eines Vorstands- oder Aufsichtsratsmitgliedes in Aktiengesellschaften, Genossenschaften oder Berggewerkschaften von einer vorgängigen Genehmigung der staatlichen Aufsichtsbehörde oder einer an dieselbe zu richtenden Anzeige abhängig zu machen. Vielmehr hat sich die Kommunalaufsicht dahin zu beschränken, im Einzelfalle einzuschreiten, wenn sich hierzu besonderer Anlaß durch Gefährdung oder Schädigung dienstlicher Interessen ergeben sollte. V. 29. 10. 02 (MBl. S. 189). Indeß kann die Übernahme bereits bei der Anstellung verboten werden. — Zur Übernahme von Vormundschaften bedürfen auch besoldete Mag.-Mitglieder der Genehmigung der Aufsichtsbehörde. Ausf. G. z. BGB. Art. 72. BGB. § 1784.

Zu Abs. 3: Zu den Gemeinde-Beamten zählen hier die Beigeordneten und Stadträte nicht. Aber nach der Entsch. des OVG. 1. 12. 88, Bd. 17 S. 443 soll auch gegen sie der Bürgermeister Warnungen und Verweise verhängen können. Gegen Stadtverordnete, selbst als Mitglieder von Verwaltungs-Deputationen stehen ihm auch diese Disziplinarmittel niemals zu (OVG. 28. 10. 93, Bd. 25 S. 415).

§ 59.

Zur dauernden Verwaltung oder Beaufsichtigung einzelner Geschäftszweige, sowie zur Erledigung vorübergehender Aufträge können besondere Deputationen entweder bloß aus Mitgliedern des Magistrats, oder aus Mitgliedern beider Gemeindebehörden, oder aus letzteren und aus stimmfähigen Bürgern gewählt werden. Zur Bildung gemischter Deputationen aus beiden Stadtbehörden ist der übereinstimmende Beschluß beider erforderlich.

Zu diesen Deputationen und Kommissionen, welche übrigens in allen Beziehungen dem Magistrate untergeordnet sind, werden die Stadtverordneten und stimmfähigen Bürger von der Stadt-

---

[1]) Für den Magistrat zu Berlin existiert die Geschäfts-Instruktion v. 14. 7. 34.

verordneten-Versammlung gewählt, die Magistrats-Mitglieder dagegen von dem Bürgermeister ernannt, welcher auch unter letzteren den Vorsitzenden zu bezeichnen hat.

Durch statutarische Anordnungen können nach den eigenthümlichen örtlichen Verhältnissen besondere Festsetzungen über die Zusammensetzung der bleibenden Verwaltungs-Deputationen getroffen werden.

Auf besonderen Bestimmungen beruhen: Die Schuldeputation, Instruktion 26. 6. 1811, MR. 12. 8. 70 (MBl. S. 264) und 18. 5. 75 (MBl. S. 204); die Gesundheits-Kommission § 10ff G. 16. 9. 99, die Servis und Einquartierungs-Deputation, Bundes-G. 25. 6. 68 § 5; die Armen-Deputation, Ausführungs-G. betreffend die Armenpflege 8. 3. 71 § 3; der Waisenrat, § 1849ff. BGB., § 49 RG. ü. d. freiw. Gerichtsbarkeit 17. 5. 98. — Wegen der Befugnis der Deputationen zur selbständigen Prozeßführung s. MR. 22. 10. 83 (MBl. 1884 S. 9). — Die Deputationen gelten als „öffentliche Behörden" Erk. OTr. 27. 5. 39 (JMBl. S. 240). — Soweit die Praxis aber unter „Kommission" oder sogen. gemischter Deputation zur Erzielung einer Willensübereinstimmung bei bestimmten Fragen niedergesetzte Ausschüsse versteht, findet § 59 nicht Anwendung. Der Magistrat kommt also namentlich nicht als vorgesetzte Behörde solcher Ausschüsse in Frage. — Unmittelbarer Vorgesetzter der Lehrpersonen ist nicht die Schuldeputation, sondern der Kreisschulinspektor, mit welchem die Schuldeputationen in inneren Angelegenheiten Hand in Hand gehen sollen (MR. 19. 12. 94, MBl. f. d. UnterrVerw. 95 S. 206). Auch für die Anstellung und Versorgung der Lehrer an öff. Volksschulen gelten Sondergesetze: G. 3. 3. 97 (Diensteinkommen), 6. 7. 85 u. 23. 7. 93 (Pensionierung u. Ruhegehaltsklassen) 4. 12. 99 (Hinterbliebenen-Versorgung). Die Mittelschullehrer betrifft G. 11. 6. 94. —

Die den Deputationen und Kommissionen als Mitglieder angehörenden Stadtverordneten sind in dieser Eigenschaft öffentliche Beamte, unterliegen aber nicht den Bestimmungen des Disziplinar-G. Ihre Entfernung aus dem Amte hat nach Vorschrift des § 75 Abs. 2 StO. zu erfolgen (OVG. 28. 10. 93, Bd. 25 S. 415).

§ 60.

Städte von größerem Umfange oder von zahlreicherer Bevölkerung werden von dem Magistrat nach Anhörung der Stadtverordneten in Ortsbezirke getheilt.

Jedem Bezirk wird ein Bezirksvorsteher vorgesetzt, welcher von den Stadtverordneten aus den stimmfähigen Bürgern des Bezirks auf sechs Jahre erwählt und vom Magistrat bestätigt wird. In gleicher Weise wird für den Fall der Verhinderung des Bezirksvorstehers ein Stellvertreter desselben angestellt.

Die Bezirksvorsteher sind Organe des Magistrats und verpflichtet, seinen Anordnungen Folge zu leisten, ihn namentlich in den örtlichen Geschäften des Bezirks zu unterstützen. (Vgl. § 74 a.)

§ 61.

Jedes Jahr, bevor sich die Stadtverordneten-Versammlung mit dem Haushaltsetat beschäftigt, hat der Magistrat in öffentlicher Sitzung derselben über die Verwaltung und den Stand der Gemeinde-Angelegenheiten einen vollständigen Bericht zu erstatten. Tag und Stunde werden wenigstens zwei freie Tage vorher in der Gemeinde bekannt gemacht.

§ 62.

Der Bürgermeister hat nach näherer Bestimmung der Gesetze folgende Geschäfte zu besorgen:

I. wenn die Handhabung der Ortspolizei nicht Königlichen Behörden übertragen ist:
   1. die Handhabung der Ortspolizei;
   2. Die Verrichtung eines Hülfsbeamten der Staatsanwaltschaft nach Maßgabe des § 153 des Gerichtsverfassungsgesetzes vom $\frac{\text{27. Januar 1877}}{\text{17. Mai 1898}}$ (RGBl. S. 41, 371) und der auf Grund desselben erlassenen besonderen Bestimmungen, sofern nicht ein anderer Beamter mit diesem Geschäfte betraut wird;
   3. die Verrichtungen eines Amtsanwaltes bei dem Amtsgerichte, welches in der bezüglichen Stadt seinen Sitz hat, gegen entsprechende Entschädigung aus Staatsfonds nach Maßgabe der Vorschriften der §§ 64 und 65 des Preußischen Ausführungsgesetzes zum Deutschen Gerichtsverfassungsgesetze vom 24. April 1878 (GS. S. 230), sofern nicht ein anderer Beamter mit diesem Geschäfte betraut wird;

II. alle örtlichen Geschäfte der Kreis-, Bezirks-, Provinzial- und allgemeinen Staatsverwaltung, namentlich auch die Standesamtsgeschäfte nach Maßgabe der einschlagenden Bestimmungen des Reichsgesetzes vom 6. Februar 1875 (RGBl. S. 23), sofern nicht ein besonderer Beamter für dieselben bestellt ist.

Einzelne dieser unter I. 1 und 2 und II. erwähnten Geschäfte können mit Genehmigung des Regierungs-Präsidenten[1]) einem anderen Magistrats-Mitgliede übertragen werden. (ZG. § 7; LVG. § 18.)

Zu Ziff. I 1: S. PolizeiG. 11. 3. 50 §§ 2, 3. G. 20. 4. 92 betr. die Kosten der Kgl. Polizeiverwaltungen in Stadtgemeinden. Die Rechtsmittel gegen polizeiliche Anordnungen sind in den §§ 127—131 ALVG. gegeben, während gegen ortsobrigkeitliche Anordnungen § 133 das. gilt. — Über die Zulässigkeit des Rechtsweges gegen polizeiliche Verfügungen s. G. 11. 5. 42.

Zu Ziff. II: Die Kosten für die Reichstagswahlen fallen den Städten zur Last (OTr. 15. 4. 72, Bd. 67 S. 217). — Wo dem Bürgermeister der Vorsitz der Einkommensteuer-Veranlagungs-Kommission übertragen ist, liegt dem Staate die Pflicht ob, die durch Wahrnehmung jener Geschäfte entstehenden Aufwendungen und Auslagen zu erstatten. RGer. 9. 3. 99. PVBl XX S. 494.

§ 63.

In Betreff der Befugniß der Stadtbehörden, ortspolizeiliche Verordnungen, zu erlassen, kommen die darauf bezüglichen Gesetze zur Anwendung.

S. PolizeiVerwG. §§ 5ff. und LVG. §§ 136ff.

Titel VI.

Von den Gehältern und Pensionen.

§ 64.

Der Normaletat aller Besoldungen wird von dem Magistrat entworfen und von den Stadtverordneten festgesetzt.

Ist ein Normal-Besoldungsetat überhaupt nicht oder nur für einzelne Teile der Verwaltung festgestellt, so werden die in solcher Weise nicht vorgesehenen Besoldungen vor der Wahl festgesetzt.

Hinsichtlich der Bürgermeister und der besoldeten Magistrats Mitglieder unterliegt die Festsetzung der Besoldungen in allen Fällen der Genehmigung des Bezirksausschusses[2]). Der

[1]) In Berlin d. Oberpräsident. (LVG. § 42.)

[2]) In Berlin d. Oberpräsident. (LVG. § 43.)

Regierungs-Präsident[1]) ist ebenso befugt als verpflichtet, zu verlangen, daß ihnen die zu einer zweckmäßigen Verwaltung angemessenen Besoldungsbeträge bewilligt werden. (ZG. § 16 Abs. 3 und § 7.)

Die Aufsichtsbehörde kann in Fällen eines auffälligen Mißverhältnisses zwischen der Besoldung und den amtlichen Aufgaben der Beamtenstelle verlangen, daß den städtischen Beamten die zu einer zweckmäßigen Verwaltung angemessenen und der Leistungsfähigkeit der Stadtgemeinde entsprechenden Besoldungsbeträge bewilligt werden, insoweit nicht die Besoldung der betreffenden Stelle durch Ortsstatut festgesetzt ist. Im Falle des Widerspruchs der Stadtgemeinde erfolgt die Feststellung der Besoldungsbeträge durch Beschlußfassung des Bezirksausschusses[2]). § 11 KBG.

Den Beigeordneten, insofern ihnen nicht eine Besoldung besonders beigelegt ist (§ 31), können mit Genehmigung des Bezirksausschusses feste Entschädigungsbeträge bewilligt werden. Schöffen und Stadtverordnete erhalten weder Gehalt noch Remuneration, und ist nur die Vergütung baarer Auslagen zulässig, welche für sie aus der Ausrichtung von Aufträgen entstehen. (ZG. § 16.)

Der Bezirksausschuß[2]) beschließt über streitige vermögensrechtliche Ansprüche der Kommunalbeamten aus ihrem Dienstverhältnisse, insbesondere über Ansprüche auf Besoldung, Reisekostenentschädigung, Pension, sowie über streitige Ansprüche der Hinterbliebenen der Beamten auf Gnadenbezüge oder Wittwen- und Waisengeld. Gegen den in erster oder auf Beschwerde in zweiter Instanz[3]) ergangenen Beschluß findet binnen einer Ausschlußfrist von sechs Monaten nach Zustellung desselben die Klage im ordentlichen Rechtswege statt. Die Beschlüsse sind vorläufig vollstreckbar. § 7 KBG. Satz 1. 3 u. 4.

Zu Abs. 2: Bei Nichtübereinstimmung des Magistrats und der Stadtv.-Vers. hinsichtlich der Höhe der Dotierung einer neu zu errichtenden

---

[1]) In Berlin d. Oberpräsident. (LBG. §§ 42, 43.)
[2]) In Berlin d. Oberpräsident. (LBG. § 43.)
[3]) Beschwerdeinstanz ist in Berlin der Min. d. Innern (LBG. § 43).

Beamtenstelle kann das Verfahren aus § 36 StO., § 17 ZG. Platz greifen S. Ledermann, Kommentar S. 404 Ziff. 3.

Zu Abs. 3: Zur Genehmigung der Erhöhung während der Amtsdauer genügt es, daß die Gehaltserhöhung zur Kenntnis der Aufsichtsbehörde gelangt und nicht angefochten ist. OVG. 28. 4. 86 (Bd. 13. S. 174). Die im PrVBl XXI S. 195 mitgeteilte Entscheidung 19. 5. 99 kann nur die Bedeutung haben, daß es Tatfrage des einzelnen Falles ist, wann die stillschweigende Genehmigung anzunehmen ist. Vgl. übrigens die Abhandlung von Schmölders im PrVBl. XXII S. 293 ff.

Zu Abs 4: § 11 KBG. bezieht sich nicht auf Magistratsmitglieder und die auf Probe, zu vorübergehender Beschäftigung und zur Ausbildung angestellten Beamten. Betreffs der Polizeibeamten bewendet es bei der Bestimmung im § 4 al. 1 Satz G. 11. 3. 50 u. § 4 al. 1. V. 20. 9. 67.

Zu Abs. 6: § 7 KBG. bezieht sich auf alle Kommunalbeamten. Wegen des abweichenden Verfahrens hinsichtlich der Frage, welcher Teil des Diensteinkommens bei Feststellung der Pensionsansprüche als Gehalt anzusehen ist, s. den Abs. 4 des hier folgenden §., wegen der Gnadenbezüge u. s. w. das. Zus. zu Abs. 7. — Über den Erlaß von Vorschriften bezügl. der Reisekostenentschädigungen verhält sich § 6 KBG. Die vierteljährliche Vorausbezahlung des Gehalts schreibt § 3 vor. S. auch Anm. zu § 35.

§ 65.

Den Bürgermeistern und den besoldeten Mitgliedern des Magistrats sind, sofern nicht mit Genehmigung des Bezirksausschusses[1]) (ZG. § 16) eine Vereinbarung wegen der Pension getroffen ist, bei eintretender Dienstunfähigkeit, oder wenn sie nach abgelaufener Wahlperiode nicht wieder gewählt werden, folgende Pensionen zu gewähren:

$^1/_4$ des Gehalts nach 6jähriger Dienstzeit,
$^1/_2$ " " " 12 " "
($^2/_3$ " " " 24 " ")

Vom vollendeten 12. Dienstjahre ab steigt die Pension bis zum 24. Dienstjahre alljährlich um $^1/_{60}$ (KBG. § 14).

Die städtischen Beamten (S. Zus. zu Abs. 3) erhalten bei eintretender Dienstunfähigkeit, sofern nicht mit Genehmigung des Bezirksausschusses[1]) ein Anderes festgesetzt ist, Pension nach den für die Pensionirung der unmittelbaren Staatsbeamten geltenden Grundsätzen und in Gemäßheit des Ges. v. 30. Juli 1899. (KBG. § 12).

---

[1]) In Berlin d. Oberpräsidenten.

Bei Streitigkeiten über die Frage, welcher Theil des Diensteinkommens bei Festsetzung der Pensionsansprüche als Gehalt anzusehen ist, steht den Betheiligten gegen einander gegen die Beschlußfassung des Bezirksausschusses (64 Abs. 6.) die Klage im Verwaltungsstreitverfahren zu. (KBG. § 7.)

Die Pension fällt fort oder ruht insoweit, als der Pensionirte durch anderweitige Anstellung im Staats- oder Gemeindedienste ein Einkommen oder eine neue Pension erwirbt, welche mit Zurechnung der ersten Pension sein früheres Einkommen übersteigen.

Das Recht auf den Bezug der Pension ruht, wenn und solange ein Pensionär im Staats- oder Kommunaldienst ein Diensteinkommen oder eine neue Pension bezieht, insoweit als der Betrag des neuen Einkommens unter Hinzurechnung der zuvor erdienten Pension den Betrag des von dem Beamten vor der Pensionirung bezogenen Diensteinkommens übersteigt. (KBG. 13.)

Die Wittwen und Waisen der pensionsberechtigten Beamten der Stadtgemeinden, einschließlich der besoldeten Magistratsmitglieder erhalten, sofern nicht mit Genehmigung des Bezirksausschusses[1]) ein anderes festgesetzt ist, Wittwen- und Waisengeld nach den für die Wittwen und Waisen der unmittelbaren Staatsbeamten geltenden Vorschriften und nach Maßgabe des § 15 des Ges. v. 30. Juli 1899.

In dem durch § 20 Abs. 1 Ziffer 3 des Gesetzes über die Zuständigkeit der Verwaltungs- und Verwaltungsgerichtsbehörden vom 1. August 1883 bezüglich der Entfernung aus dem Amte vorgeschriebenen Verfahren ist entstehenden Falles auch über die Thatsache der Dienstunfähigkeit der Bürgermeister, Beigeordneten, Magistratsmitglieder und sonstigen Gemeindebeamten Entscheidung zu treffen. (ZG. § 20 Abs. 2.)

Zu Abs. 1 u. 2: Die Vorschrift des Abs. 1 ist also durch Abs. 2 dahin geändert, daß das höchste Ruhegehalt nach 24jähriger Dienstzeit nicht mehr 40, sondern 42/60 beträgt. Wer nach erfolgter Wiederwahl nicht

[1]) In Berlin d. Oberpräsidenten.

mehr bestätigt wird, steht hinsichtlich des Pensionsanspruches dem nicht Wiedergewählten gleich. Art. XI Instr. 20. 6. 53.

Zu Abs. 3: Zu den städtischen Beamten zählen hier weder die Magistratsmitglieder noch die auf Probe, zur vorübergehenden Dienstleistung, Vorbereitung oder die nebenamtlich angestellten besoldeten Beamten; wohl aber Standesbeamte. — Bei der Pensionierung kommt Art. III G. 31. 3. 82 betr. Abänderung des Pensions-G. 27. 3. 72 insoweit zur Anwendung, als er durch G. 1. 3. 91 abgeändert ist (für die vom 21. Jahre ab im Dienste der Stadtgemeinde zugebrachte Dienstzeit bei vollendetem zehnten Dienstjahre $^{15}/_{60}$ des Diensteinkommens und dann je $^{1}/_{60}$ pro Jahr bis $^{45}/_{60}$). Dagegen ist gesetzlich für die Pensionierung nach dem 65. Lebensjahre noch der Nachweis der Dienstunfähigkeit erforderlich. Ortsstatutarisch kann aber das 65. Lebensjahr als entscheidend für die Nachsuchung der Pensionierung wie für die unfreiwillige Versetzung in den Ruhestand festgesetzt werden. S. auch unten Zus. zu Abs. 8. — Vorherige Dienstzeit im Staats- oder Gemeindedienste braucht nicht angerechnet zu werden. § 12. KBG. — Bei kürzerer als zehnjähriger Dienstzeit muß der Beamte, um den Mindestsatz zu erhalten, ohne eigenes Verschulden bei Ausübung oder in Veranlassung des Dienstes dienstunfähig geworden sein (§ 1 PensG. 27. 3. 72). — Für die Lehrer an den im § 6 Abs. 2 PensG. 27. 3 72 bezeichneten Schulen (höhere „Real- und Kunstschulen, Lehrer-Seminarien, an Taubstummen- u. Blindenanstalten) sind, wenn dieselben nicht vom Staat allein zu unterhalten sind, neben den PensG. 27. 3. 72 u. 31. 3. 82 noch die §§ 4—9, 16—18 der V. 28. 5. 46 in Kraft. Vgl. G. 25. 4. 96 (Ausf. Verf. 1. 6. 96 UCBl. S. 448) welches hinsichtlich dieser Lehrer und Beamten noch besondere Vorschriften enthält; § 13 jener V. gilt noch für die Pensionierung der am 1. 4. 96 an den vom Staat allein zu unterhaltenden Schulen. Nach der V. ist die Pension zunächst aus dem etwa vorhandenen eigentümlichen Vermögen der Lehranstalt und dann von den zur Unterhaltung derselben Verpflichteten zu zahlen. — Bezüglich der Volksschullehrer s. o. zu § 59. — In Betreff der Pensionsberechnung für Militäranwärter s. RG. 27. 6. 71 § 107 ff. in der Fassung des Art. 12 RG. 22. 5. 93. — „Persönliche" Gehaltszulagen sind pensionsberechtigt (OVG. 28. 4. 86, Bd. 13 S. 175).

Zu Abs. 4: Hier, wo das Verwaltungsstreitverfahren gegeben ist, fällt also im Gegensatz zu § 64 Abs. 6 der Beschwerdeweg fort.

Zu Abs. 5: Diese Bestimmung gilt nach § 14 KBG. noch für die Magistratsmitglieder. Auch fixierte Diäten und bestimmt wiederkehrende dem Betrage nach unbestimmte Einnahmen gehören hierher (MR. 9. 7. 55, MBl. S. 135). — Das neue Einkommen braucht nicht ein pensionsberechtigtes zu sein (OVG. 17. 4. 86, Bd. 13 S. 181). Anderweitige Anstellung im Staats- oder Gemeindedienst umfaßt auch den Staats- oder Gemeindedienst in einem außerpreußischen deutschen Bundesstaate (.RGer. 23. 11. 99, Bd. 45 S. 306 u. 12. 5. 99, Bd. 44 S. 203.)

Zu Abs. 7: Von Witwen- und Waisenversorgung handeln G. 20. 5. 82 (28. 3. 88) u. 1. 6. 97. An Stelle der für das Witwengeld der unmittelbaren Staatsbeamten geltenden Höchstsätze darf jedoch der Höchstsatz von 2000 Mark treten. § 15 KBG. S. das. auch über die Anrechnung der aus andern Gründen fließenden Beträge auf das Witwengeld. — Der Anspruch der Hinterbliebenen auf das Gnadenquartal und beim Tode des Pensionierten auf den Gnadenmonat ist im § 4 KBG. ausgesprochen. Der Magistrat bestimmt, an wen die Zahlung erfolgen soll und beschließt in Konnivenzfällen § 5 das. — Über die Genehmigung der von den Kommunalbeamten errichteten Sterbe- u. s. w. Kassen s. V. 4. 7. 98 (MBl. S. 140).

Zu Abs. 8: Bestreitet der Beamte seine Dienstunfähigkeit, so finden die einschlägigen Formen des Disziplinarverfahrens statt (Beschluß des Bez. Aussch. u. binnen 4 W. Berufung an das OVG. s. unten § 80). Vorausgesetzt ist aber, daß nicht bezüglich der Nichtmagistratsmitglieder ortsstatutarisch das G. 31. 3. 82 in Kraft gesetzt worden ist, sodaß dann bei mehr als 65jährigen Beamten nach § 20ff. PensG. 27. 3. 72 zu verfahren ist. § 12 Abs. 3 KBG.

Titel VII.

Von dem Gemeindehaushalte.

§ 66.

Ueber alle Ausgaben, Einnahmen und Dienste, welche sich im Voraus bestimmen lassen, entwirft der Magistrat jährlich, spätestens im Januar einen Haushaltsetat. Mit Zustimmung der Stadtverordneten kann die Etatsperiode bis auf drei Jahre verlängert werden.

Der Entwurf wird acht Tage lang, nach vorheriger Verkündigung, in einem oder mehreren von dem Magistrat zu bestimmenden Lokalen zur Einsicht aller Einwohner der Stadt offen gelegt und alsdann von den Stadtverordneten festgestellt. Eine Abschrift des Etats wird sofort der Aufsichtsbehörde eingereicht.

Zu Abs. 1 u. zu §§ 69, 70: Da nach § 95 KAG. das Rechnungsjahr vom Jahre 1895 ab durchweg am 1. April beginnen muß, so sind folgerichtig auch die Fristen für die Aufstellung des Etats, sowie für die frühere Legung und Feststellung der Jahresrechnung um ein Vierteljahr zu verlängern.

Zu Abs. 2: Aufsichtsbehörde ist der Regierungs-Präsident[1]) (ZG. § 7). — Was heißt „Feststellen" des Etats? Seine einzelnen Positionen sind eigentlich lauter Anträge des Magistrats. Die Stadtverordneten können unzweifelhaft die proponierten Ausgabe-Posten streichen oder herabmindern. Neue Ausgabe-Posten einstellen können sie ohne Zustimmung des Magistrats nicht (§ 36 Satz 1). Wie ist's, wenn sie die vermuteten Einnahme-Beträge (z. B. das Steuer-Aufkommen des nächsten Etats-Jahres) ändern? Die gegenseitige Stellung beider Körperschaften erfordert eine Einigung. Die Anwendung des § 36 StO. 17. ZG. ist aber streitig. Vgl. die Kommentare von Oertel u. Ledermann.

---

[1]) In Berlin der Oberpräsident.

§ 67.

Der Magistrat hat dafür zu sorgen, daß der Haushalt nach dem Etat geführt werde.

Ausgaben, welche außer dem Etat geleistet werden sollen, bedürfen der Genehmigung der Stadtverordneten.

Zu Abs. 2: Die Vertretungsverbindlichkeit des Magistrats und seiner Mitglieder richtet sich nach T. II Tit. 10 § 68ff. ALR. (OTr. 4. 4. 70. Strieth. Arch. Bd. 77 S. 295), jetzt nach Buch II Tit 25 BGB., namentlich § 839ff. (§ 252. 276). S. auch EG. z. BGB. Art. 77—80.

§ 68.

Gebühren, einschließlich der nach einem von der Aufsichtsbehörde festgestellten Tarife erhobenen Vergütungen (Kurtaxen u. s. w.), Beiträge, Steuern und Kosten, sowie die Abgaben für die Theilnahme an den Nutzungen (§ 52) und die sonstigen Gemeindegefälle unterliegen der Beitreibung im Verwaltungszwangsverfahren nach Maßgabe der Verordnung v. 15. November 1899. (GS. S. 545.) Sind Naturaldienste zu leisten, so ist der Magistrat bei Säumniß der Pflichtigen befugt, die Dienste durch Dritte leisten und die entstehenden Kosten von den Ersteren im Verwaltungszwangsverfahren beitreiben zu lassen. (KAG. § 90; ZG. §§ 18, 160.)

§ 69.

Die Jahresrechnung ist von dem Einnehmer[1]) vor dem 1. August des folgenden Rechnungs-Jahres zu legen und dem Magistrate einzureichen. Dieser hat die Rechnungen zu revidiren und solche mit seinen Erinnerungen und Bemerkungen den Stadtverordneten zur Prüfung, Feststellung und Entlastung vorzulegen. (Vgl. KVG. § 95 u. oben die Note zu § 66).

§ 70.

Die Feststellung der Rechnung muß vor dem 1. Januar des nächsten Jahres bewirkt sein.

Der Magistrat hat der Aufsichtsbehörde sofort eine Abschrift des Feststellungsbeschlusses vorzulegen.

---

[1]) In Berlin gilt als solcher der Rendant der Stadthauptkasse (Ortsstatut v. $\frac{19.\ 8.}{31.\ 12.}$ 54).

Durch statutarische Anordnungen können auch andere Fristen, als vorstehend für die Legung und Feststellung der Rechnung bestimmt sind, festgesetzt werden. (Vgl. oben die Note zu § 66.)

Über Festsetzung und Ersatz von Defekten s. V. 24. 1. 44 und ZG. § 17 Nr. 5.

§ 71.

Ueber alle Theile des Vermögens der Stadtgemeinde hat der Magistrat ein Lagerbuch zu führen. Die darin vorkommenden Veränderungen werden den Stadtverordneten bei der Rechnungsabnahme zur Erklärung vorgelegt.

Titel VIII.

Von der Einrichtung der städtischen Verfassung ohne kollegialischen Gemeindevorstand für Städte, welche nicht mehr als 2500 Einwohner haben.

§ 72.

In Städten von nicht mehr als 2500 Einwohnern kann auf Antrag der Gemeindevertretung unter Genehmigung des Bezirksausschusses (ZG. § 16) die Einrichtung getroffen werden, daß

1. die Zahl der Stadtverordneten bis auf sechs vermindert, und
2. statt des Magistrats nur ein Bürgermeister, welcher den Vorsitz in der Stadtverordneten-Versammlung mit Stimmrecht zu führen hat, und zwei oder drei Schöffen, welche den Bürgermeister zu unterstützen und in Verhinderungsfällen zu vertreten haben, gewählt werden.

§ 73.

Wird eine Einrichtung nach Maßgabe der Bestimmung unter 2 in § 72 getroffen, so gehen alle Rechte und Pflichten, welche in den Vorschriften der Titel I bis VII dem Magistrat beigelegt sind, auf den Bürgermeister mit denjenigen Modifikationen über, welche sich als nothwendig daraus ergeben, daß der Bürgermeister zugleich stimmberechtigter Vorsitzender der Stadtverordneten-Versammlung ist. Demselben steht insonderheit ein Recht der Zustimmung zu den Beschlüssen der Stadtverordneten nicht zu; er ist aber in den im zweiten Satze unter 2 des § 56 bezeichneten Fällen verpflichtet, die Ausführung der Beschlüsse der Stadtverordneten-Versammlung zu beanstanden, und, wenn diese bei nochmaliger Berathung bei ihrem Beschlusse beharrt, die Beschlußfassung des Bezirksausschusses zu beantragen, soweit nicht das Verfahren nach § 15 des Gesetzes über die Zuständigkeit oder Verwaltungs- und Verwaltungsgerichtsbehörden (§ 77 dieser Städteordnung) einzutreten hat. — Im Uebrigen finden bei den Städten, welche die gedachte Einrichtung angenommen haben, die Vorschriften der Titel I bis VII gleichfalls, jedoch mit der Maßgabe Anwendung, daß die Schöffen zugleich Stadtverordnete sein können, und daß es genügt, wenn die Beschlüsse der Stadtverordneten-Versammlung (§ 47) nur von dem Vorsitzenden und einem Mitgliede unterzeichnet werden. (ZG. § 17 Nr. 1.)

Titel IX.

Von der Verpflichtung zur Annahme von Stellen und von dem Ausscheiden aus denselben wegen Verlustes des Bürgerrechts.

§ 74.

Ein jeder stimmfähiger Bürger ist verpflichtet, eine unbesoldete Stelle in der Gemeindeverwaltung oder Vertretung anzunehmen, sowie eine angenommene Stelle mindestens drei Jahre lang zu versehen.

Zur Ablehnung oder zur früheren Niederlegung einer solchen Stelle berechtigen nur folgende Entschuldigungsgründe:

1. anhaltende Krankheit;
2. Geschäfte, die eine häufige oder lange dauernde Abwesenheit mit sich bringen;
3. ein Alter über sechzig Jahre;
4. die früher stattgehabte Verwaltung einer unbesoldeten Stelle für die nächsten drei Jahre;
5. die Verwaltung eines anderen öffentlichen Amtes;
6. ärztliche oder wundärztliche Praxis;
7. sonstige besondere Verhältnisse, welche nach dem Ermessen der Stadtverordneten-Versammlung eine gültige Entschuldigung begründen.

Wer sich ohne einen dieser Entschuldigungsgründe weigert, eine unbesoldete Stelle in der Gemeindeverwaltung oder Vertretung anzunehmen oder die noch nicht drei Jahre lang versehene Stelle ferner zu versehen, sowie derjenige, welcher sich der Verwaltung solcher Stellen thatsächlich entzieht, kann durch Beschluß der Stadtverordneten auf drei bis sechs Jahre der Ausübung des Bürgerrechts verlustig erklärt und um ein Achtel bis ein Viertel stärker zu den direkten Gemeindeabgaben herangezogen werden. Dieser Beschluß bedarf keiner Genehmigung oder Bestätigung von Seiten des Magistrats oder der Aufsichtsbehörde. Gegen denselben findet binnen zwei Wochen die, unmittelbar bei dem Bezirksausschusse anzubringende Klage statt, welche auch dem Magistrate zusteht. Die Stadtverordneten und der Magistrat können zur Wahrnehmung ihrer Rechte in diesem Verfahren einen besonderen Vertreter bestellen. (ZG. §§ 10, 11, 21; LVG. § 63.)

74 a.

Ueber die Gültigkeit von Wahlen solcher Gemeindebeamten, welche der Bestätigung nicht bedürfen, beschließt, soweit die Beschlußfassung der Aufsichtsbehörde zusteht, der Bezirksausschuß[1]). (ZG. § 14.)

Diese Vorschrift gilt für Einsprüche. u. s. w. gegen die Wahl von Bezirksvorstehern und ähnlichen unbesoldeten Beamten.

§ 75.

Wer eine das Bürgerrecht voraussetzende Stelle in der Verwaltung oder Vertretung der Stadtgemeinde bekleidet, scheidet aus derselben aus, wenn er des Bürgerrechts verlustig geht; im Falle des ruhenden Bürgerrechts tritt die Suspension ein (§ 7).

Die zu den bleibenden Verwaltungs-Deputationen gewählten stimmfähigen Bürger (§ 59) und anderen von der Stadtverordneten-Versammlung auf eine bestimmte Zeit gewählten unbesoldeten Gemeindebeamten, zu denen jedoch die Schöffen nicht zu rechnen sind, können durch einen übereinstimmenden Beschluß des Magistrats und der Stadtverordneten auch vor Ablauf ihrer Wahlperiode von ihrem Amte entbunden werden.

Zu Abs. 2: Es ist vielfach angenommen worden, daß die Mitwirkung des Mag. nach §§ 10 u. 11 ZG. (oben in § 5a) hier wegfällt. Aber um das (nach § 11 ZG. im Verwaltungsrechtsstreite zu erweisende)

---

[1]) Auch in Berlin (ZG. § 161).

Recht zur Bekleidung des Amtes handelt es sich hier nicht, sondern um eine diskretionäre Maßregel. Sie ist auch anwendbar, wenn dadurch ein Mitglied einer Verwaltungsdeputation gezwungen werden soll, die Stelle eines unbesoldeten Magistratsmitgliedes anzunehmen (MR. 24. 6. 85 MBl. S. 180).

Titel X.

Von der Oberaufsicht über die Stadtverwaltung.

§ 76.

Die Aufsicht des Staates über die Verwaltung der städtischen Gemeindeangelegenheiten wird in erster Instanz von dem Regierungspräsidenten[1]), in höherer und letzter Instanz von dem Oberpräsidenten[2]) geübt, unbeschadet der in den Gesetzen geordneten Mitwirkung des Bezirksausschusses und des Provinzialrathes.

Beschwerden bei den Aufsichtsbehörden in städtischen Gemeindeangelegenheiten sind in allen Instanzen innerhalb zwei Wochen anzubringen. (ZG. § 7.)

An Stelle der Aufsichtsbehörde beschließt der Bezirksausschuß[3]):

1. über die Art der gerichtlichen Zwangsvollstreckung wegen Geldforderungen gegen Stadtgemeinden (§ 15 Nr. 4 des Einf.-G. zur D. Civ. Proz.-O. v. $\frac{\text{30. Jan. 1877}}{\text{17. Mai 1898}}$, u. § 153 Anh. zur AGO.
2. über die Feststellung und den Ersatz der Defekte der Gemeindebeamten nach Maßgabe der V. v. 24. Jan. 1844 (GS. S. 52); der Beschluß ist, vorbehaltlich des ordentlichen Rechtsweges, endgültig. (ZG. § 17 Nr. 4 u. 5.)

Zur Ausübung des Aufsichtsrechtes steht der Aufsichtsbehörde, abgesehen von der Genehmigung wichtiger Beschlüsse, Bestätigung der ersten Gemeindebeamten, Zwangsetatisierung u. s. w. namentlich auch das Recht zu, Auskunft zu erfordern und die Gemeindeverwaltung zu revidieren. — Es handelt sich hier um die allgemeine Kommunalaufsicht, wie sie im

---

[1]) In Berlin dem Oberpräsidenten.

[2]) In Berlin dem Minister des Innern (ZG. § 7 Abs. 2).

[3]) In Berlin der Oberpräsident (ZG. § 7 Abs. 2), aber zu 2 auch in Berlin der Bez.-Ausschuß (ZG. § 161).

§ 139 der revidierten StO. 17. 3. 31 näher bezeichnet war (OVG. 9. 5. 93, Bd. 25 S. 49). — Im übrigen ressortiert, soweit es sich nicht um die Verwaltung äußerer Angelegenheiten handelt, das Volksschulwesen in Berlin seit der Bekanntmachung v. 16. 2. 1822 von dem Provinzialschulkollegium und an die Stelle der Finanzabteilung der Regierung ist nach § 45 LVG. die Direktion für die Verwaltung der direkten Steuern getreten. S. auch § 78 EinkStG. 24. 6. 91. Die nach § 42 V. 26. 12. 1808 der Regierung in ihrer Eigenschaft als Finanzbehörde zustehende Befugnis, im Wege der Administrativ-Exekution alle Landesabgaben beizutreiben, erstreckt sich nach der Ansicht des Gerichtshofes zur Entscheidung der Kompetenzkonflikte auch auf die Fälle, in welchen Steuer-Erhebern eingezogene Staatssteuern, die sie noch nicht an die Stadthauptkasse abgeliefert hatten, abhanden gekommen sind: doch steht den Gemeinden der Rechtsweg offen (Erk. d. gedachten Gerichtshofes 14. 6. 02 in S. der Stadtgemeinde Berlin wider den Preuß. Fiskus). — Die Aufsicht zur zweckmäßigen Durchführung des Gemeindesteuerwesens ist durch §§ 77, 78 KAG. geregelt und wird entweder durch Genehmigung, gegen deren Versagung der Beschwerdeweg stattfindet, geübt oder durch Anordnung, gegen welche das Verwaltungsstreitverfahren stattfindet.

Zu Abs. 3: Die Fälle der Mitwirkung des Bezirksausschusses und Provinzialrates sind durch § 8ff. ZG. geregelt. Hier ist nur der Teil des § 17 das. angereiht, welcher an anderer Stelle noch nicht Erwähnung gefunden hat.

§ 77.

Beschlüsse der Stadtverordneten oder des Magistrats, welche deren Befugnisse überschreiten oder die Gesetze verletzen, hat der Magistrat, beziehungsweise der Bürgermeister, entstehenden Falles auf Anweisung der Aufsichtsbehörde, mit aufschiebender Wirkung, unter Angabe der Gründe zu beanstanden. Gegen die Verfügung des Magistrats (beziehungsweise des Bürgermeisters) steht den Stadverordneten (beziehungsweise dem Magistrat) binnen zwei Wochen die, unmittelbar bei dem Bezirsausschusse[1]) anzubringende Klage zu. Die Stadtverordneten und der Magistrat können zur Wahrnehmung ihrer Rechte in diesem Verfahren einen besonderen Vertreter bestellen. (ZG. §§ 15, 21 u. LVG. § 63.)

Die in den Gemeindeverfassungsgesetzen begründete Befugniß der Aufsichtsbehörden, aus anderen als den vorstehend angegebenen Gründen eine Beanstandung der

---

[1]) In Berlin dem OVG. (ZG. § 21.)

Beschlüsse der Stadtverordneten oder des Magistrats herbeizuführen, wird aufgehoben. (ZG. § 15.)

§ 78.

Unterläßt oder verweigert eine Stadtgemeinde die ihr gesetzlich obliegenden, von der Behörde innerhalb der Grenzen ihrer Zuständigkeit festgestellten Leistungen auf den Haushaltsetat zu bringen oder außerordentlich zu genehmigen, so verfügt der Regierungs-Präsident[1]) unter Anführung der Gründe die Eintragung in den Etat beziehungsweise die Feststellung der außerordentlichen Ausgabe.

Gegen die Verfügung des Regierungs-Präsidenten[1]) steht der Gemeinde binnen zwei Wochen die Klage bei dem Oberverwaltungsgerichte zu, welche unmittelbar bei letzterem anzubringen ist.

Eine Feststellung des Stadtetats durch die Aufsichtsbehörde findet fortan nicht statt. (ZG. § 19; LVG § 63.)

Zu Abs. 1 u. 2: Vgl. ZirkVerf. 30. 12. 90, MBl. 91 S. 6. — Feststellung und Zwangsetatisierung dürfen nicht in einem Akte vorgenommen werden. Dazwischen liegt die Weigerung der Gemeinde. OVG. 7. 9. 89 (Bd. 18 S. 139); 12. 4. 90 (Bd. 19 S. 120, Gründe). Die Stadtverordneten sind legitimiert, im Streitverfahren über Zwangsetatisierungen an Stelle von oder neben dem an erster Stelle hierzu berufenen Magistrat die Rechte der Stadtgemeinde zu wahren. Die Verfügungen der Aufsichtsbehörde sind aber jedenfalls bis zur Beschlußfassung der Stadtverordneten an den Magistrat zu richten, sodaß auch von der Zustellung an diesen die Klagefrist für die Stadtverordneten beginnt (OVG. 18. 12. 89, Bd. 19 S. 118). — Es bedarf der vorgängigen Feststellung selbst dann, wenn die Leistung nur ihrem Grunde, nicht dem Betrage nach streitig ist (OVG. 14. 10. 93, Bd. 25 S. 1). — Die Zwangsetatisierung setzt stets eine gesetzlich obliegende, nicht eine vertragsmäßig übernommene Leistung voraus (OVG. 10. 3. 88, Bd. 16 S. 218). — Nur die Rechtmäßigkeit der Zwangsetatisierung, nicht die Notwendigkeit u. Zweckmäßigkeit unterliegt der Nachprüfung des OVG. (OVG. 26. 11. 90, Bd. 20 S. 67).

§ 79.

Durch Königliche Verordnung auf den Antrag des Staatsministeriums kann eine Stadtverordneten-Versammlung aufgelöst werden.

---

[1]) In Berlin der Oberpräsident.

Es ist sodann eine Neuwahl derselben anzuordnen und muß diese binnen sechs Monaten vom Tage der Auflösungs-Verordnung an erfolgen. Bis zur Einführung der neugewählten Stadtverordneten steht die Beschlußfassung in den zur Zuständigkeit der Stadtverordneten-Versammlung gehörigen Angelegenheiten dem Bezirksausschusse[1]) zu. (ZG. § 17 Nr. 3.)

§ 80.

In Betreff der Dienstvergehen der Bürgermeister, Beigeordneten, Magistratsmitglieder und sonstigen Gemeindebeamten kommen die Bestimmungen des Gesetzes vom 21. Juli 1852 (GS. S. 465) mit folgenden Maßgaben zur Anwendung:

1. Gegen die Bürgermeister, Beigeordneten und Magistratsmitglieder, sowie gegen die sonstigen Gemeindebeamten kann an Stelle der Bezirksregierung und innerhalb des derselben bisher zustehenden Ordnungsstrafrechtes der Regierungs-Präsident[1]) Ordnungsstrafen festsetzen. Gegen die Strafverfügungen des Regierungs-Präsidenten[2]) findet innerhalb zwei Wochen die Beschwerde an den Oberpräsidenten, gegen den auf die Beschwerde ergehenden Beschluß des Oberpräsidenten findet innerhalb zwei Wochen die Klage bei dem Oberverwaltungsgerichte statt, welche unmittelbar bei dem letzteren anzubringen ist.
2. In dem Verfahren auf Entfernung aus dem Amte wird die Einleitung des Verfahrens von dem Regierungs-Präsidenten[1]) beziehungsweise dem Minister des Innern verfügt und von demselben der Untersuchungskommissar ernannt; an die Stelle der Bezirksregierung beziehungsweise des Disziplinarhofes tritt als entscheidende

---

[1]) In Berlin zuständig der Oberpräsident.

[2]) In Berlin unmittelbar binnen zwei Wochen Klage beim OVG. gegen die Strafverfügung des Oberpräsidenten.

Disziplinarbehörde erster Instanz der Bezirks-ausschuß; an die Stelle des Staats-Ministeriums tritt das Oberverwaltungsgericht; den Vertreter der Staatsanwaltschaft ernennt bei dem Bezirks-ausschusse der Regierungs-Präsident[1]), bei dem Oberverwaltungsgerichte der Minister des Innern.

Gegen Mitglieder der Stadtverordneten-Versammlung findet ein Disziplinarverfahren nicht statt. (ZG. § 22 Abs. 1 Nr. 1 und Nr. 3, Abs. 3.)

Der § 78 des Disziplinar-G. 21. 7. 52 ist durch obige Bestimmungen als beseitigt anzusehen (OVG. 30. 11. 88, Bd. 18 S. 432). — Scheidet ein Beamter während des Disziplinar-Verfahrens freiwillig aus dem Amte, so kann nicht mehr auf Amtsentsetzung erkannt werden. — Der Regierungs-Präsident ist nicht befugt, wegen der im förmlichen Verfahren verfolgten Beamtenhandlungen, auch wenn das Verfahren eingestellt war, Ordnungsstrafen festzusetzen. Die nach § 33 Disziplinar-G. dem Ressortminister zustehende Befugnis, nach Abschluß der Voruntersuchung und vor Eingang der Anschuldigungsschrift die Einstellung des Verfahrens zu beschließen, ist bezüglich städtischer Gemeindebeamten auf das Verwaltungsgericht I. Instanz übergegangen (§ 157 zu 2 LVG,). Beschließt der BzAussch. Einstellung des Verfahrens ohne Feststellung, daß dem Angeschuldigten Dienstvergehen nicht zur Last fallen, so ist der Beschluß mit der Beschwerde aus § 110 LVG. anfechtbar (OVG. 11. 5. u. 5. 10. 94, XXVI 417).

Titel XI.

Ausführungs- und Uebergangsbestimmungen.

§ 81.

Die zur Ausführung dieses Gesetzes erforderlichen Bestimmungen werden vom Minister des Innern getroffen.

Dies ist durch die Instruktion 20. 6. 53 (MBl. S. 138) geschehen.

(Die Schluß-Paragraphen 82—85 enthalten lediglich veraltete Übergangsbestimmungen.)

---

[1]) In Berlin zuständig der Oberpräsident.

Kommunalabgabengesetz.

Vom 14. Juli 1893. (GS. S. 152.)[1]

Wir Wilhelm, von Gottes Gnaden König von Preußen ꝛc. verordnen mit Zustimmung beider Häuser des Landtages unserer Monarchie für den Umfang derselben, mit Ausschluß der Hohenzollernschen Lande und der Insel Helgoland, was folgt:

Theil I. Gemeindeabgaben.

Erster Titel. Allgemeine Bestimmungen.

§ 1. Die Gemeinden sind berechtigt, zur Deckung ihrer Ausgaben und Bedürfnisse nach Maßgabe der Bestimmungen dieses Gesetzes Gebühren und Beiträge, indirekte und direkte Steuern zu erheben, sowie Naturaldienste zu fordern.

§ 2. Die Gemeinden dürfen von der Befugniß, Steuern zu erheben, nur insoweit Gebrauch machen, als die sonstigen Einnahmen, insbesondere aus dem Gemeindevermögen, aus Gebühren, Beiträgen und vom Staate oder von weiteren Kommunalverbänden den Gemeinden überwiesenen Mittel zur Deckung ihrer Ausgaben nicht ausreichen. Auf Hunde- und Lustbarkeits-, sowie auf ähnliche, durch besondere Rücksichten gebotene Steuern findet diese Bestimmung keine Anwendung.

Durch direkte Steuern darf nur der Bedarf aufgebracht werden, welcher nach Abzug des Aufkommens der indirekten Steuern von dem gesammten Steuerbedarfe verbleibt.

---

[1]) Übergangsbestimmungen zur Ausführung des KAG. mit Mustern zu Grundsteuer-, Brau- und Biersteuer-, Hundesteuer- und Lustbarkeitssteuer-Ordnungen v. 10. 5. 94 und Anweisung der Min. d. Innern u. d. Finanzen zur Ausführung des KAG. v. 10. 5. 94, durch MBl. ꝛc. nicht publiziert, sind 1894 in Carl Heymann's Verlag, Berlin, erschienen. Indes sind inzwischen neue Muster von Steuerordnungen amtlich mitgeteilt worden und zwar: einer Umsatzsteuerordnung MBl. 96 S. 71; zweier Muster von Gewerbesteuerordnungen MBl. 97 S. 156 u. 158; das ursprüngliche Muster (Mitt. 30 S. 109, PrVBl. XVI S. 157) ist nicht zurückgezogen; ferner einer Grundsteuerordnung nach dem Maßstabe des gemeinen Wertes MBl. 99 S. 160; dazu V. 16. 6. 02 (MBl. S. 128) und einer Ordnung betr. die Erhebung eines Zuschlages zur Reichsbrausteuer und einer Biersteuer MBl. 00 S. 10. Auch das Muster eines Gemeindebeschlusses betr. die Veranlagung und Erhebung der direkten Gemeindesteuern enthält MBl. 95 S. 115.

Zu Abs. 1: Ein Eingreifen in die Nutzungsrechte der Gemeindeangehörigen am Gemeindevermögen ist durch das KAG. nicht beabsichtigt und es empfiehlt sich nicht, mit der Ausführung des Gesetzes eine anderweitige Regelung dieser Nutzungen zu verquicken (MR. 9. 3. 95, MBl. S. 115). Die Bestimmung des 1. Satzes schließt nicht aus, daß Fonds für bestimmte Zwecke (Schulbau-, Pflasterungskosten u. s. w.), deren Beschaffung auf einmal zu schwer fallen würde, im Laufe der Jahre allmählich angesammelt werden (AusfAnw. Art. 2).

§ 3. Gewerbliche Unternehmungen der Gemeinden sind grundsätzlich so zu verwalten, daß durch die Einnahmen mindestens die gesammten durch die Unternehmung der Gemeinde erwachsenden Ausgaben, einschließlich der Verzinsung und der Tilgung des Anlagekapitals, aufgebracht werden.

Eine Ausnahme ist zulässig, sofern die Unternehmung zugleich einem öffentlichen Interesse dient, welches anderenfalls nicht befriedigt wird.

Zweiter Titel. **Gebühren und Beiträge.**

§ 4. Die Gemeinden können für die Benutzung der von ihnen im öffentlichen Interesse unterhaltenen Veranstaltungen (Anlagen, Anstalten und Einrichtungen) besondere Vergütungen (Gebühren) erheben.

Die Erhebung von Gebühren hat zu erfolgen, wenn die Veranstaltung einzelnen Gemeindeangehörigen oder einzelnen Klassen von solchen vorzugsweise zum Vortheile gereicht und soweit die Ausgleichung nicht durch Beiträge (§ 9) oder eine Mehr- oder Minderbelastung (§ 20) erfolgt. Die Gebührensätze sind in der Regel so zu bemessen, daß die Verwaltungs- und Unterhaltungskosten der Veranstaltung, einschließlich der Ausgaben für die Verzinsung und Tilgung des aufgewendeten Kapitals, gedeckt werden.

Besteht eine Verpflichtung zur Benutzung einer Veranstaltung für alle Gemeindeangehörigen oder für einzelne Klassen derselben, oder sind die Genannten auf die Benutzung der Veranstaltung angewiesen, so ist unter Berücksichtigung des öffentlichen Interesses, welchem die Veranstaltung dient, und der den Einzelnen gewährten besonderen Vortheile eine entsprechende Ermäßigung der Gebührensätze gestattet; auch kann in Fällen dieser Art die Erhebung von Gebühren unterbleiben.

Auf Unterrichts- und Bildungsanstalten, auf Krankenhäuser, Heil- und Pflegeanstalten, sowie auf vorzugsweise den Bedürfnissen der unbemittelten Volksklassen dienende Veranstaltungen finden vorstehende Bestimmungen (Absatz 2 und 3) keine Anwendung. Jedoch muß für den Besuch der von den Gemeinden unterhaltenen höheren Lehranstalten und Fachschulen ein angemessenes Schulgeld erhoben werden.

Andere Abweichungen von der im Absatz 2 vorgeschriebenen Bemessung der Gebühren sind nur aus besonderen Gründen gestattet.

Ein Zwang zur Erhebung von Chaussee-, Wege-, Pflaster- und Brückengeldern findet nicht statt.

Gebühr ist, im Gegensatz zur vertragsmäßigen Vergütung, das einseitig von der Behörde auferlegte spezielle Entgelt für eine, zugleich im öffentlichen Interesse erfolgte Leistung. Zur Erhebung der Gebühr berechtigt daher nicht die bloße Möglichkeit, sondern die Tatsache der Benutzung. OVG. 3. 2. 97, Bd. 31. S. 53. Die Gebühren sind entweder Benutzungsgebühren (Gebühren im engeren Sinne) oder Verwaltungsgebühren (vgl. § 6) (AusfAnw. Art. 4, 5, 6). — Gebühren im Sinne des § 4 dürfen nur für öffentl. Leistungen und für die Benutzung öffentl.

Einrichtungen erhoben werden. Der Luftraum über einer öffentl. Straße ist als solcher ein Gegenstand des Privatrechts. Es kann daher für die Benutzung der Luftsäule über einer solchen Straße zur Anlegung von Balkons und Erkern eine Abgabe (Gebühr) nicht gefordert werden (OVG. 29. 5. 95, Bd. 28 S. 74). — Wenn die Straßenadjazenten bisher polizeilich für die Reinigung der Straßen hafteten, so können sie bei der Einrichtung eines städt. Straßenreinigungs-Instituts nicht ortsstatutarisch zu dessen Benutzung verpflichtet werden, wenn sie polizeilich weiter für die Reinigung verhaftet bleiben. Auch können sie, wenn die Haftung auf die Gemeinde übergeht, zur Entrichtung einer entsprechenden Gebühr ortsstatutarisch nicht verpflichtet, sondern allenfalls nur zu Präzipualsteuern herangezogen werden (OVG. 12. 12. 93, Bd. 26 S. 43). — Ferner können die Straßenadjazenten nicht durch Ortsstatut, sondern nur durch Ortspolizeiverordnung verpflichtet werden, behufs der Entwässerung ihre Grundstücke an die städtische Kanalisationsanlage anzuschließen und für eine solche Benutzung dieser Anlagen eine Gebühr zu entrichten (OVG. 9. 1. 94, Bd. 26 S. 51).

§ 5. Die bestehenden Vorschriften über die Verleihung des Rechts auf Erhebung von Chaussee-, Wege-, Pflaster-, Brücken-, Fähr-, Hafen-, Schleusengeldern und von anderen derartigen Verkehrsabgaben, sowie über die Feststellung der Tarife für solche werden durch dieses Gesetz nicht berührt.

Über die Feststellung der Tarife s. Erl. 11. 6. 96 (MBl. S. 129) und die das. angeführten Runderlasse; ferner Verf. 14. 4. 97 betr. die Feststellung der Lagergeldtarife für die Benutzung der städtischen Packhöfe (AbgGBl. S. 172). — Bez. des Strafschutzes gegen Hinterziehung und Überhebung von Verkehrsabgaben s. G. 2. 5. 00. Bez. der Genehmigung s. Note zu § 8.

§ 6. Die Gemeinden, Amtsbezirke, Aemter und Landbürgermeistereien sind berechtigt, für die Genehmigung und Beaufsichtigung von Neubauten, Umbauten und anderen baulichen Herstellungen, sowie für die ordnungs- und feuerpolizeiliche Beaufsichtigung von Messen und Märkten, von Musikaufführungen, Schaustellungen, theatralischen Vorstellungen und sonstigen Lustbarkeiten Gebühren zu erheben. Die Erhebung von Lustbarkeitssteuern schließt die Erhebung von Gebühren für die Beaufsichtigung der Lustbarkeit aus.

Im Uebrigen bewendet es hinsichtlich der Befugniß der Gemeinden, für einzelne Handlungen ihrer Organe Gebühren (Verwaltungsgebühren) zu erheben, bei den bestehenden Bestimmungen.

Die Gebühren müssen so bemessen werden, daß deren Aufkommen die Kosten des bezüglichen Verwaltungszweiges nicht übersteigt.

Zu Abs. 1. Die Berechtigung der Amtsbezirke u. s. w. zur Gebührenerhebung schließt die Erhebung von Gebühren seitens der Gemeinden aus. Das Gleiche gilt für diejenigen Gemeinden, innerhalb deren die Beaufsichtigung der Bauten u. s. w. einer Königl. Polizeiverwaltung übertragen ist (AusfAnw. Art. 6 Abs. 2).

Zu Abs. 2: Hiernach sind die Gemeinden befugt, für einzelne Handlungen ihrer Organe (Erteilung von Führungs-, Marktpreis- und Holzwert-, Holz- und Wildursprungsattesten, Bescheinigung über Besitzverhältnisse zum Privatgebrauche u. s. w.) Verwaltungsgebühren zu erheben. — Auf gesetzlich eingeführte oder von den zuständigen Behörden auf Grund von Gesetzen festgestellte Verwaltungsgebühren, (wie Paß-, Eich-, Standesamts-Gebühren und solche im Verwaltungszwangsverfahren u. s. w.) beziehen sich die Vorschriften des KAG. nicht (AusfAnw. Art. 7).

§ 7. Gebühren sind im Voraus nach festen Normen und Sätzen zu bestimmen. Eine Berücksichtigung Unbemittelter ist nicht ausgeschlossen.

Zu § 6 u. § 7: In Gemeinden und Landesteilen, in denen die Baupolizei durch Staatsbeamte verwaltet wird, sind für die Genehmigung und Beaufsichtigung von Neubauten, Umbauten und anderen baulichen Herstellungen allgemeine Gebühren nach den in den vorstehenden §§ 6 u. 7 ausgesprochenen Grundsätzen und nach Tarifen, die durch die Min. der öffentl. Arbeiten u. des Innern, sowie den Finanzminister festgestellt werden, zu erheben (Allerh. Erlaß 30. 12. 95, GS. 96 S. 8). Dazu OVG. 24. 1. 99 (Bd. 35 S. 102).

§ 8. Die Festsetzung von Gebühren bedarf in den Fällen des § 4 Absatz 3 und 5 und des § 6 der Genehmigung.

Das Erforderniß der Genehmigung des Schulgeldes durch die Schulaufsichtsbehörde bleibt unberührt.

Zu Abs. 1: Für die Genehmigung von Beschlüssen der Amtsausschüsse, betr. Festsetzung von Gebühren der im § 6 Abs. 1 bezeichneten Art, sind die Kreisausschüsse zuständig (MR. 2. 1. 95, MBl. S. 17). Bez. des Vorbereitungsverfahrens zur Einholung der Genehmigung der Tarife für kommunale Verkehrsabgaben s. V. 19. 1. 98 (MBl. S. 24).

§ 9. Die Gemeinden können behufs Deckung der Kosten für Herstellung und Unterhaltung von Veranstaltungen, welche durch das öffentliche Interesse erfordert werden, von denjenigen Grundeigenthümern und Gewerbetreibenden, denen hierdurch besondere wirthschaftliche Vortheile erwachsen, Beiträge zu den Kosten der Veranstaltungen erheben. Die Beiträge sind nach den Vortheilen zu bemessen.

Beiträge müssen in der Regel erhoben werden, wenn anderenfalls die Kosten, einschließlich der Ausgaben für die Verzinsung und Tilgung des aufgewendeten Kapitals, durch Steuern aufzubringen sein würden.

Der Plan der Veranstaltung ist neben einem Nachweise der Kosten offen zu legen. Der Beschluß der Gemeinde wegen Erhebung von Beiträgen ist unter der Angabe, wo und während welcher Zeit Plan nebst Kostennachweis zur Einsicht offen liegen, in ortsüblicher Weise mit dem Bemerken bekannt zu machen, daß Einwendungen gegen den Beschluß binnen einer bestimmt zu bezeichnenden Frist von mindestens 5 Wochen bei dem Gemeindevorstande anzubringen seien. Handelt es sich um eine Veranstaltung, welche nur einzelne Grundeigenthümer oder Gewerbetreibende betrifft, so genügt an Stelle der Bekanntmachung eine Mittheilung an die Betheiligten. Der Beschluß bedarf der Genehmigung.

Zu diesem Behufe hat der Gemeindevorstand den Beschluß nebst den dazu gehörigen Vorverhandlungen und der Anzeige, ob und welche Einwendungen innerhalb der gestellten Frist erhoben sind, der zuständigen Behörde einzureichen.

Der Beschluß der zuständigen Behörde ist in gleicher Weise zur Kenntniß der Betheiligten zu bringen, wie der Beschluß der Gemeinde bekannt gemacht worden ist.

Gegen den Beschluß der zuständigen Behörde steht den Betheiligten die Beschwerde offen.

§ 10. Die Vorschriften des Gesetzes, betreffend die Anlegung und Veränderung von Straßen und Plätzen in Städten und ländlichen Ortschaften, vom 2. Juli 1875 (GS. S. 561) bleiben mit der Maßgabe in

Kraft, daß die im § 15 daselbst vorgesehenen Beiträge nach einem anderen, als dem dort angegebenen Maßstabe, insbesondere auch nach der bebauungsfähigen Fläche, bemessen werden dürfen.

Über den Begriff „historische Straße" vgl. OVG. 6. 11. 82, Bd. 9 S. 318 18. 6. 89, Bd. 18 S. 382 u. 2. 12. 78, Bd. 5 S. 345. Die Heranziehung der Anlieger solcher, nach früherem Recht für den Anbau fertig gestellter Straßen müßte nach § 9 Abs. 1 erfolgen. Die Befreiung, welche die StO. (jetzt § 24 KAG.) den zu einem öffentl. Dienste oder Gebrauche bestimmten Grundstücken einräumt, erstreckt sich nicht auch auf die im G. 2. 7. 75 vorgesehenen Anliegerbeiträge zu den Straßenherstellungskosten (OVG. 22. 11. 92, Bd. 23. S. 52).

§ 11. Die Vorschriften des Gesetzes, betreffend die Erhebung von Marktstandsgeld, vom 26. April 1862 (Gesetz-Samml. S. 513) bleiben unberührt.

Ebenso behält es bei den Bestimmungen der Gesetze über die Errichtung öffentlicher Schlachthäuser vom 18. März 1868 (Gesetz-Samml. S. 277) und 9. März 1881 (Gesetz-Samml. S. 273) sein Bewenden. Jedoch dürfen für die Schlachthausbenutzung Gebühren bis zu einer solchen Höhe erhoben werden, daß durch ihr jährliches Aufkommen die Kosten der Unterhaltung der Anlage und des Betriebes, sowie ein Betrag von 8 Prozent des Anlagekapitals und der etwa gezahlten Entschädigungssumme gedeckt werden. In denjenigen Städten, in denen Verbrauchssteuern auf Fleisch zur Erhebung kommen, dürfen die Benutzungsgebühren nur bis zu einer solchen Höhe erhoben werden, daß durch ihr jährliches Aufkommen außer den Unterhaltungs- und Betriebskosten ein Betrag von 5 Prozent des Anlagekapitals und der Entschädigungssumme gedeckt wird.

Die Gebühren für die Untersuchung des nicht in öffentlichen Schlachthäusern ausgeschlachteten Fleisches (Artikel 1 § 2 Nr. 2 und 3 des Gesetzes vom 9. März 1881) können in einer den Gebühren für die Schlachthausbenutzung entsprechenden Höhe bemessen werden.

Das G. 18. 3. 68 u. die Novelle 9. 3. 81 ermächtigen die Gemeinden mit öffentlichen Schlachthäusern, die Vornahme des Schlachtens sämtlicher oder einzelner Gattungen von Vieh in den öffentlichen Schlachthäusern und die Untersuchung des Viehs bzw. Fleisches vor bzw. nach dem Schlachten anzuordnen.

Reichsgesetzlich ist die Schlachtvieh- und Fleischbeschau bez. des zum menschlichen Genusse zu verwendenden Fleisches jetzt geregelt durch RG. 3. 6. 00, das am 1. 4. 03 völlig in Kraft tritt. Dazu namentlich Ausf. Bek. des Reichskanzlers 30. 5. 02 (RGBl. Beilage zu Nr. 22) u. PreußAusfG. 28. 6. 02. Während es für die Befugnis der Gemeinden mit Schlachtzwang zur Gebührenerhebung hinsichtlich der gewöhnlichen Untersuchung von Schlachtvieh und Fleisch bei den bisherigen gesetzlichen Bestimmungen bewendet, sind im übrigen die Kosten für Schlachtvieh- und Fleischbeschau einschließlich der Trichinenschau Kosten der örtlichen Polizeiverwaltung, deren Gebührentarif die Landespolizeibehörde festsetzt. § 14 PreußAusfG. — Soweit nicht schon das RG. für gewisse Fälle — Notschlachtungen, Hausschlachtungen — von der Untersuchung entbindet, ordnen §§ 5. 21 PrAusfG. an, daß vom 1. 4. 04 ab, frisches Fleisch, welches einer amtlichen Untersuchung durch approbierte Tierärzte nach Maßgabe der §§ 8—16 RG. unterlegen hat, in der Regel einer abermaligen amtlichen Untersuchung nicht unterworfen werden darf. Es sind indes für die Zwischenzeit durch Erl. 14. 11. 02 noch eingehende Erhebungen für die Gemeinden mit öffentl. Schlachthäusern angeordnet worden, zwecks etwaiger anderweitiger gesetzlicher Regelung. Es soll festgestellt werden, in welchem Umfange bei den Nachuntersuchungen des nicht im öffentlichen Schlachthause ausgeschlachteten frischen Fleisches bisher Beanstandungen stattgefunden haben, um danach ermessen zu können, welche Bedeutung in hygienischer Beziehung den Nachuntersuchungen beizulegen ist. Sodann sollen über die Einnahmen und Ausgaben der öffentlichen Schlachthäuser, namentlich für die Nachuntersuchungen des eingeführten frischen Fleisches, Ermittelungen angestellt werden, aus denen ein Überblick über die finanzielle Wirkung der oben bezeichneten Vorschriften gewonnen werden kann.

§ 12. In Badeorten, klimatischen und sonstigen Kurorten können die Gemeinden für die Herstellung und Unterhaltung ihrer zu Kurzwecken getroffenen Veranstaltungen Vergütungen (Kurtaxen) erheben.

Dritter Titel. **Gemeindesteuern.**

Erster Abschnitt. Indirekte Gemeindesteuern.

§ 13. Die Gemeinden sind zur Erhebung indirekter Steuern innerhalb der durch die Reichsgesetze gezogenen Grenzen befugt.

Den Gemeinden sind Vereinbarungen mit den Betheiligten gestattet, wonach der Jahresbetrag der zu entrichtenden indirekten Steuern für mehrere Jahre im Voraus fest bestimmt wird. Die Vereinbarungen bedürfen der Genehmigung.

Zu Abs. 1: Die Steuerordnungen sind in ortsüblicher Weise zu veröffentlichen und die hierauf bezüglichen Nachweise aufzubewahren (AusfAnw. Art. 9 Nr. 4 Abs. 2). Vgl. OVG. Bd. 38 S. 99. 101.

Über die grundsätzliche Unterscheidung zwischen direkten und indirekten Steuern s. OVG. 19. 12. 99, Bd. 37 S. 104. Hinsichtl. der Genehmigung s. § 77.

Luxussteuern können wenn überhaupt, nur für größere Städte in Frage kommen, sind aber auch hier nur ausnahmsweise und aus besonderen Gründen, z. B. gegenüber einer GemEinkommensteuer, welche die Progression der Staatssteuern aufgegeben oder abgeschwächt hat und wenn ein ins Gewicht fallendes Erträgnis mit Sicherheit zu erwarten ist, in Betracht zu ziehen. Wegen der geringfügigen Erträgnisse sowie weil nur einzelne davon betroffen werden würden, eignen sie sich für kleine Gemeinden nicht (MR. 22. 12. 94, MBl. 95 S. 15).

Es dürfen Steuern nicht gelegt werden auf:
- das Halten von Tauben, Enten, Gänsen, Katzen (MR. 9. 3. 95, MBl. S. 115),
- Feuerversicherungsprämien (MR. 29. 4. 95, MBl. 119),
- Abhaltung von Auktionen (MR. 15. 5. 95),
- Erteilung von Konzessionen zum Betriebe der Gast- oder Schankwirtschaft und des Kleinhandels mit geistigen Getränken, sowie für die Lösung von Jagdscheinen (MR. 16. 11. 94).

Die Umsatzsteuer darf 1% nicht übersteigen; auch sind Umsatzsteuerordnungen nicht zu genehmigen, wenn sie zu Ungunsten der Steuerpflichtigen Erschwerungen denjenigen Grundsätzen gegenüber enthalten, welche nach den landesgesetzl. Bestimmungen für die Erhebung des Auflassungsstempels sowie der auf der Beurkundung des Grundstücksbesitzwechsels ruhenden Stempelabgaben maßgebend sind (MR. 19. u. 26. 2. 95 MBl. S. 111, 112).

Die Umsatzsteuer kann auch für solche Rechte eingeführt werden, die ein besonderes Grundbuchblatt haben (MR. 11. 6. 95).

Eine Umsatzsteuerordnung, die dem Satze, „für die Steuern sind der Veräußerer und der Erwerber verhaftet", die Worte, „in erster Linie soll indes die Steuer vom Veräußerer erhoben werden", zufügt, muß dahin verstanden werden, daß mit dem Zusatze nur eine instruktionelle Vorschrift für den Magistrat beabsichtigt war, auf welche die Steuerpflichtigen sich nicht berufen können. OVG. 3. 10. 02 (PrVBl. XXIV S. 98). Es ist nicht unstatthaft, daß eine UStOrdnung, wenn der Auflassung eines Grundstücks mehrere Veräußerungsverträge successiv vorhergehn, die Steuer nach den Erwerbspreisen sämtlicher Veräußerungsgeschäfte bemißt. OVG. 23. 11. 00 (Bd. 38 S. 105). B. 11. 6. 02 (MBl. S. 102). Eine UStO., welche jeden, auf Grund freiwilliger Veräußerung erfolgenden Eigentumserwerb der Steuer unterwirft, ist auf Fälle, in denen das Vermögen als Ganzes übergeht, wie bei der Fusion zweier Aktiengesellschaften, unanwendbar. OVG. 6. 7. 98 (Bd. 34 S. 78). Auch in der Rückauflassung zufolge der durchgedrungenen Redhibitionsklage ist ein auf Grund freiwilliger Veräußerung bewirkter steuerpflichtiger Eigentumsübergang anzunehmen. OVG. 22. 9. 97 (Bd. 32 S. 71).

Wegen der Mitwirkung der Amtsgerichte s. V. 23. 3. 99 (MBl. S. 56).

Steuerordnungen, welche sich auf die Besteuerung eingeführten Bieres beschränken, ohne wegen Besteuerung des in der Gemeinde gebrauten Bieres Vorschriften zu enthalten, sind selbst dann nicht zu genehmigen, wenn in der betr. Gemeinde keine Brauereien vorhanden sind. Auch dürfen Erzeugnisse eines dem Zoll- und Handelsvereins-Vertrage 8. 7. 67 zugehörenden Vereinsstaates nicht höher oder lästiger besteuert werden, als das einheimische oder das Erzeugnis der übrigen Vereinsstaaten (MR. 22. 12. 94 MBl. 95 S. 15 u. 19. 2. 95, MBl. S. 111).

Wegen der amtlich mitgeteilten Muster zu Steuerordnungen s. oben Fußnote auf S. 61.

§ 14. Steuern auf den Verbrauch von Fleisch, Getreide, Mehl, Backwerk, Kartoffeln und Brennstoffen aller Art dürfen nicht neu eingeführt oder in ihren Sätzen erhöht werden. Die Einführung einer Wildpret- und Geflügelsteuer ist jedoch auch in den früher nicht mahl- und schlachtsteuerpflichtigen Gemeinden zulässig. Die Steuersätze können abweichend von den Vorschriften des Erlasses vom 24. April 1848 (Gesetz-Samml. S. 131) bemessen werden.

Wegen Forterhebung der Schlachtsteuer bewendet es bei den Bestimmungen des Gesetzes vom 25. Mai 1873 (Gesetz-Samml. S. 222).

Bez. des Strafschutzes bei Hinterziehung der Mahl- Schlacht- und Wildpretsteuern, sofern die Gemeinden die Verwaltung dieser Steuern nicht selbst übernommen haben, s. § 58 G. 26. 7. 97.

§ 15. Die Besteuerung von Lustbarkeiten, einschließlich musikalischer und deklamatorischer Vorträge, sowie von Schaustellungen umherziehender Künstler ist den Gemeinden gestattet.

Wegen des Begriffs „öffentliche Lustbarkeiten" s. MR 23. 2. 89, MBl. S. 38, OVG. 24. 9. 88, Bd. 18 S. 422 u. 9. 3. 92, Bd 22 S. 415 ff.; wegen Lustbarkeiten eines Vereins s. ferner OVG. 4. 1. 95, Bd. 27 S. 428.

Das Halten von Klavieren u. Fahrrädern fällt nicht in den Rahmen der Lustbarkeitssteuern, ebensowenig die Veranstaltung von Straßenmusik durch Drehorgelspieler ꝛc. (MR. 22. 12. 94, MBl. 95 S. 16), wohl aber Musikaufführungen umherziehender Musikanten in geschlossenen Räumen gegen Entgelt (MR. 23. 12. 80, MBl. 81 S. 24). Das Tragen von Masken kann gleichfalls, ev. als Lustbarkeit, besteuert werden (MR. 20. 7. 95, MBl. S. 229) und zwar im Hinblick auf § 2 KAG. auch dann, wenn die sonstigen Einnahmen der Gemeinde aus dem Gemeindevermögen ꝛc. zur Deckung ihrer Ausgaben ausreichen.

Befreiung einzelner Vereine als solcher, z. B. Kriegervereine, ist unzulässig. Dagegen können Befreiungen oder Ermäßigungen für die an bestimmten Tagen, namentlich bei patriotischen Feiern, stattfindenden Lustbarkeiten zugelassen werden (MR. 22. 12. 94. MBl 95 S. 15 15. 4. 01, MBl. S. 130).

Wegen des Maßes der Lustbarkeitssteuer und wegen der Besteuerung öffentlicher Aufzüge, Hochzeits- und anderer Familienfeiern ꝛc. s. MR. 27. 2. 90, MBl. S. 43 u. 24. 1. 95, MBl. S. 34. OVG. 7. 10. 96 (Bd. 30 S. 113).

§ 16. Die Gemeinden sind befugt, das Halten von Hunden zu besteuern (§ 93). Die in dieser Beziehung zur Zeit bestehenden gesetzlichen Vorschriften werden aufgehoben.

Die bisher teilweis noch aufrecht erhaltene Befreiung der Militärpersonen von der Hundesteuer ist nunmehr in Fortfall gekommen. Auch ist G. 1. 3. 91 über den Höchstbetrag der Hundesteuer durch § 16 aufgehoben. Die zur Bewachung oder zum Gewerbebetriebe unentbehrlichen Hunde werden wie bisher (KO. 29. 4. 1829, v. Kamptz Annalen Bd. 13 S. 354) steuerfrei zu belassen sein (AusfAnw. Art. 12, MR. 22. 12. 94, MBl. 95 S. 16).

§ 17. Die bestehenden Vorschriften über die Verwendung des Aufkommens indirekter Steuern für bestimmte Zwecke (Kosten der Armenpflege u. s. w.) werden aufgehoben.

§ 18. Die Einführung neuer und die Veränderung bestehender indirekter Gemeindesteuern kann nur durch Steuerordnungen erfolgen.

Die Steuerordnungen bedürfen der Genehmigung.

Wegen Genehmigung der Steuerordn. vergl. § 77.

§ 19. Wegen der Befreiung der Militärspeiseeinrichtungen und ähnlicher Militäranstalten von den Verbrauchssteuern bewendet es bei den bestehenden Bestimmungen.

Vergl. unten § 11 Abs. 2 V. 23. 9. 67 u. Ausf. Anw. Art. 10 Nr. 4.

Zweiter Abschnitt. Direkte Gemeindesteuern.

I. Allgemeine Bestimmungen.

§ 20. Die direkten Gemeindesteuern sind auf alle der Besteuerung unterworfenen Pflichtigen nach festen und gleichmäßigen Grundsätzen zu vertheilen.

Handelt es sich um Veranstaltungen, welche in besonders hervorragendem oder geringem Maße einem Theile des Gemeindebezirks oder einer Klasse von Gemeindeangehörigen zu Statten kommen, und werden Beiträge nach §§ 9 und 10 nicht erhoben, so kann die Gemeinde eine entsprechende Mehr- oder Minderbelastung dieses Theiles des Gemeindebezirks oder dieser Klasse von Gemeindeangehörigen beschließen. Bei der Abmessung der Mehr- und Minderbelastung ist namentlich der zur Herstellung und Unterhaltung der Veranstaltungen erforderliche Bedarf nach Abzug des etwaigen Ertrages in Betracht zu ziehen. Der Beschluß bedarf der Genehmigung.

Zu Abs. 2: Des Erlasses einer Steuerordnung bedarf es nicht (Nöll 4. Aufl. S. 45).

§ 21. Die auf besonderem Rechtstitel beruhenden Befreiungen einzelner Grundstücke von Gemeindesteuern bleiben in ihrem bisherigen Umfange fortbestehen. Die Gemeinden sind jedoch berechtigt, diese Befreiungen durch Zahlung des zwanzigfachen Jahreswerthes derselben nach dem Durchschnitt der letzten drei Jahre vor dem 1. April desjenigen Rechnungsjahres, in welchem die Ablösung beschlossen wird, abzulösen. Steht ein anderer Entschädigungsmaßstab fest, so hat es hierbei sein Bewenden.

§ 22. Vorschriften, welche eine Befreiung von Gewerbesteuer in sich schließen, finden auf Gewerbe, welche nach Verkündigung dieses Gesetzes in Betrieb gesetzt werden, keine Anwendung.

Die Gemeinden sind berechtigt, die bestehenden Befreiungen durch Zahlung des $13\frac{1}{3}$fachen Jahreswerthes derselben nach dem Durchschnitt der letzten drei Jahre vor dem 1. April desjenigen Rechnungsjahres, in welchem die Ablösung beschlossen wird, abzulösen. Steht ein anderer Entschädigungsmaßstab fest, so hat es hierbei sein Bewenden.

§ 23. Die direkten Gemeindesteuern können vom Grundbesitz und Gewerbebetrieb (Realsteuern), sowie vom Einkommen der Steuerpflichtigen (Einkommensteuer) erhoben werden.

Die Einkommensteuer kann zum Theil durch Aufwandssteuern ersetzt werden. Aufwandssteuern dürfen grundsätzlich die geringeren Einkommen nicht verhältnißmäßig höher als die größeren belasten.

Mieths- und Wohnungssteuern dürfen nicht neu eingeführt werden. Die bestehenden Mieths- und Wohnungssteuern sind auf ihre Uebereinstimmung mit den vorstehenden Besteuerungsgrundsätzen und den sonstigen Bestimmungen dieses Gesetzes zu prüfen. Sie bedürfen erneuter, an die Zustimmung der Minister des Innern und der Finanzen gebundener Genehmigung und treten außer Kraft, wenn die Genehmigung nicht bis zum 1. April 1898 erfolgt ist.

Die Einführung neuer und die Veränderung bestehender direkter Gemeindesteuern, welche nicht in Prozenten der vom Staate veranlagten Steuern erhoben werden, kann nur durch Steuerordnungen erfolgen.

Die Steuerordnungen bedürfen der Genehmigung.

Zu Abs. 2: Vgl. die Anmerk. zu § 13 Abs. 1 (S. 57).

II. Besondere Bestimmungen.

1. Realsteuern.

a) Vom Grundbesitz.

§ 24. Den Steuern vom Grundbesitz sind die in der Gemeinde belegenen bebauten und unbebauten Grundstücke unterworfen, mit Ausnahme

a) der Königlichen Schlösser, einschließlich der zugehörigen Nebengebäude, Hofräume und Gärten;

b) der einem fremden Staate gehörigen Grundstücke, auf denen Botschafts- oder Gesandtschaftsgebäude errichtet sind, einschließlich der auf ihnen errichteten Gebäude, sofern von dem fremden Staate Gegenseitigkeit gewährt wird;

c) der dem Staate, den Provinzen, den Kreisen, den Gemeinden oder sonstigen kommunalen Verbänden gehörigen Grundstücke und Gebäude, sofern sie zu einem öffentlichen Dienste oder Gebrauche bestimmt sind;

d) der Brücken, Kunststraßen, Schienenwege der Eisenbahnen, sowie der schiffbaren Kanäle, welche mit Genehmigung des Staates zum öffentlichen Gebrauche angelegt sind;

e) der Deichanlagen der Deichverbände und der im öffentlichen Interesse staatlich unter Schau gestellten Privatdeiche, sowie der im öffentlichen Interesse unterhaltenen Anlagen der Ent- und Bewässerungsverbände;

f) der Universitäts- und anderen zum öffentlichen Unterrichte bestimmten Gebäude;

g) der Kirchen, Kapellen und anderen dem öffentlichen Gottesdienste gewidmeten Gebäude, sowie der gottesdienstlichen Gebäude der mit Korporationsrechten versehenen Religionsgesellschaften;

h) der Armen-, Waisen- und öffentlichen Krankenhäuser, der Gefängniß-, Besserungs-, Bewahr- und derjenigen Wohlthätigkeitsanstalten, welche die Bewahrung vor Schutzlosigkeit oder sittlicher Gefahr bezwecken (Mägdehäuser und dergleichen), sowie der Gebäude, welche milden Stiftungen angehören und für deren Zwecke unmittelbar benutzt werden; durch Gemeindebeschluß können auch anderweitige Gebäude solcher milden Stiftungen, welche nicht bloß zu Gunsten bestimmter Personen und Familien bestehen, freigelassen werden;

i) der Grundstücke der unter f, g, h aufgeführten Anstalten und Körperschaften, soweit die Grundstücke für deren Zwecke unmittelbar benutzt werden;

k) der Dienstgrundstücke und Dienstwohnungen der Geistlichen, Kirchendiener und Volksschullehrer, soweit ihnen bisher Steuerfreiheit zugestanden hat.

Alle sonstigen, nicht auf einem besonderen Rechtstitel beruhenden Befreiungen (§ 21), insbesondere auch diejenigen der Dienstgrundstücke und Dienstwohnungen der Beamten, sind aufgehoben.

Ist ein Grundstück oder Gebäude nur theilweise zu einem öffentlichen Dienste oder Gebrauche bestimmt, so bezieht sich die Befreiung nur auf diesen Theil.

Die Bestimmungen der Kabinetsordre vom 8. Juni 1834 (Gesetz-Samml. S. 87) bleiben in Geltung und werden auf diejenigen Gemeinden ausgedehnt, in welchen dieselben noch nicht in Geltung sind.

Zu c: Nach Nöll ist mit den Worten „öffentl. Dienst oder Gebrauch" derselbe Sinn zu verbinden, den das GrundsteuerG. 21. 5. 61 in § 4c damit verbindet (OVG. 9. 12. 76, Bd. 1 S. 87) und gehören daher insbesondere hierher: Gassen, Plätze, Brücken, Fahr- und Fußwege, Leinpfade, Bäche, Brunnen, schiffbare Kanäle, Häfen, Werfte, Ablagen, Kirchhöfe, Begräbnisplätze, Spaziergänge, Luft- und botanische Gärten sowie lediglich zur Bepflanzung öffentlicher Plätze, Straßen und Anlagen bestimmte Baumschulen (OVG. 9. 5. 79, Bd. 5 S. 133). Nach der Rechtsprechung des OVG. ferner noch: Artillerieschießplätze und Exerzierplätze (OVG. 3. 1. 77 u. 14. 1. 82, Bd. 2 S. 23, Bd. 8 S. 150), Kanaldämme (OVG. 15. 12. 77, Bd. 3 S. 31), die Haffe an der Ostseeküste (OVG. 15. 12. 77, Bd. 3 S. 24), die Pferdeställe und Reitbahnen der Landgestüte (OVG. 4. 11. 78, Bd. 4 S. 63), die Baumschulen, deren Stämme zur Bepflanzung einer Chaussee dienen (OVG. 5. 2. 81, Bd. 7 S. 162); endlich nach MR. 18. 12. 94 auch die trigonometrischen Vermessungspunkte, Festungen, Feldlager und andere für militärische Zwecke unterhaltene Verschanzungen, Kasernen, Offizier-, Unteroffizier-Speiseanstalten und Kantinen, und nach v. Brauchitsch Bd. 2 Anmerk. zu § 17 KrO. fiskalische Schleusenetablissements.

Grundstücke und Gebäude des Reiches sind nach § 1 RG. 25. 5. 73 (RGBl. S. 113) in gleicher Weise steuerfrei, wie die im Eigentum des Staats befindlichen gleichartigen Gegenstände (AusfAnw. Art. 16 Nr. 1e).

Zu d: Bezüglich des Begriffes der Kunststraßen s. OVG. 7. 4. 93 (Bd. 24 S. 204).

Zu h, i: Eine Anstalt ist als milde Stiftung anzusehen, sofern ihr Hauptzweck auf die Unterstützung hülfsbedürftiger Personen durch unentgeltliche Zuwendungen gerichtet ist; die Hülfsbedürftigkeit muß nicht notwendig in materieller Not ihren Grund haben. OVG. 21. 1. 99, Bd. 34 S. 110. — Milde Stiftungen können auch religiöse sein, da sie die humanitären Zwecke in sich schließen. OVG 29. 10. 98 i. S. evangel. Missionsgesellschaften wider Berlin.

Zu Abs. 2: Auf die Dienstwohnungen der Offiziere nicht ohne weiteres zu beziehen (MR. 18. 12. 94); OVG. 28. 10. 96, Bd. 30 S. 81. Bezügl. der Beamten OVG. 20. 5. 96, Bd. 29 S. 41; den Beamten zu Repräsentationszwecken überwiesene Räume sind als zu einem öffentl. Dienste oder Gebrauche bestimmte steuerfreie Gebäude oder Gebäudeteile zu betrachten (MR. 13. 6. 95, PVBl. Bd. XVI S. 471 auch Reichs- u. Staatsanz. Nr. 148).

Zu Abs. 4 s. OVG. Entsch. Bd. 21 S. 111, Bd. 30 S. 51, Bd. 33 S. 15.

§ 25. Den Gemeinden ist die Einführung besonderer Steuern vom Grundbesitz gestattet.

Die Umlegung kann insbesondere erfolgen nach dem Reinertrage beziehungsweise Nutzungswerthe eines oder mehrerer Jahre, nach dem Pacht- beziehungsweise Miethswerthe oder dem gemeinen Werthe der Grundstücke und Gebäude, nach den in der Gemeinde stattfindenden Abstufungen des Grundbesitzes oder nach einer Verbindung mehrerer dieser Maßstäbe.

Neuerdings wird staatlicherseits darauf hingewirkt, daß die Gemeinden von einer Verwendung der staatlichen Grund- und Gebäudesteuerverfassung für die Zwecke der Realbesteuerung möglichst absehen und den gemeinen Wert der Grundstücke und Gebäude zu Grunde legen sollen. Die ausführlich motivierte V. 20. 10. 99 (MBl. S. 160) weist darauf hin, daß die für die Ergänzungssteuer maßgebende Einschätzung den gemeinen Wert erhalte. Nach der V. 6. 4. 01 (MBl. S. 129) sollen damit bei einer beträchtlichen Zahl von Städten und Landgemeinden erfreuliche Resultate erzielt sein.

§ 26. Sind besondere Steuern vom Grundbesitz nicht eingeführt, so erfolgt die Besteuerung in Prozenten der vom Staate veranlagten Grund- und Gebäudesteuern.

Die auf Grund der Einlegung von Rechtsmitteln erfolgte Erhöhung oder Ermäßigung der veranlagten Steuern zieht die entsprechende Abänderung der Veranlagung zur Gemeindesteuer nach sich.

Die Veranlagung hat sich auf sämmtliche Grundstücke und Gebäude zu erstrecken, welche der Gemeindebesteuerung unterliegen (§§ 3, 4 des Gesetzes wegen Aufhebung direkter Staatssteuern).

Die Besteuerung neuerbauter oder vom Grunde aus wieder aufgebauter Gebäude sowie die Steuererhöhung in Folge von Verbesserungen der Gebäude beginnt mit dem Ablaufe des Rechnungsjahres, in welchem die Bewohnbarkeit oder Nutzbarkeit eingetreten oder die Verbesserung vollendet ist.

Zur Zahlung der Grund- und Gebäudesteuer sind nicht die Pächter, Mieter oder Nießbraucher, sondern die Eigentümer verpflichtet. OVG. 8. 4. 02 (PrVBl. XXIII S. 694), V. 16. 6. 02 (MBl. S. 128).

§ 27. Die Steuern vom Grundbesitz sind nach gleichen Normen und Sätzen zu vertheilen.

Liegenschaften, welche durch die Festsetzung von Baufluchtlinien in ihrem Werthe erhöht worden sind (Bauplätze), können nach Maßgabe dieses höheren Werthes zu einer höheren Steuer als die übrigen Liegenschaften herangezogen werden. Diese Besteuerung muß durch Steuerordnung geregelt werden.

Zu Abs. 2: Die Bauplatzsteuer soll den Wertszuwachs erfassen, den ein Grundstück durch die Festsetzung von Baufluchtlinien erhalten hat. Sie beschränkt sich nicht auf solche Grundstücke, die unmittelbar an eine Baufluchtlinie grenzen. Auch ist es nicht erforderlich, daß die Straßen oder Straßenteile, für welche die Baufluchtlinien festgesetzt sind, für den öffentlichen Verkehr und den Anbau gemäß den baupolizeilichen Bestimmungen bereits fertig gestellt sind. Indessen wird die

Erhebung einer Bauplatzsteuer nur dann in Betracht zu ziehen sein, wenn eine Abänderung der Baufluchtlinie voraussichtlich nicht weiter zu erwarten steht (AusfAnw. Art. 18 Nr. 5, 4, 3). — Da seit dem Erk. OVG. 11. 7. 96 (Bd. 30 S. 67) unter den Liegenschaften des § 27 nur solche unbebaute Grundstücke verstanden werden, welche durch die auf Grund G. 2. 7. 75 erfolgte Festsetzung von Baufluchtlinien in ihrem Werte erhöht sind, hat die Erhebung von Bauplatzsteuern in der Praxis noch mehr an Wert eingebüßt. Der bei § 25 erwähnte Min. Erlaß legt den Gemeinden nahe, durch die Besteuerung nach dem gemeinen Wert auch die steigende Grundrente der unbebauten Grundstücke zu erfassen d. h. in Großstädten den Wertszuwachs, welcher entsteht, ohne daß Kapital oder Arbeit dazu aufgewendet werden.

b. Vom Gewerbebetrieb.

§ 28. Den Gewerbesteuern unterliegen in den Gemeinden, in denen der Betrieb stattfindet,

1. die nach dem Gewerbesteuergesetz vom 24. Juni 1891 (Gesetz-Samml. S. 205) zu veranlagenden stehenden Gewerbe;
2. die landwirthschaftlichen Branntweinbrennereien;
3. der Bergbau;
4. die gewerbsmäßige Gewinnung von Bernstein, Ausbeutung von Torfstichen, von Sand-, Kies-, Lehm-, Mergel-, Thon- und dergleichen Gruben, von Stein-, Schiefer-, Kalk-, Kreide- und dergleichen Brüchen;
5. die Gewerbebetriebe kommunaler und anderer öffentlicher Verbände;
6. die Gewerbebetriebe des Staates und der Reichsbank.

Diejenigen zu Nr. 2 bis 6 bezeichneten Betriebe, bei denen weder der jährliche Ertrag 1500 Mark, noch das Anlage- und Betriebskapital 3000 Mark erreicht, ingleichen die nach § 3 Nr. 4 des Gewerbesteuergesetzes vom 24. Juni 1891 steuerfreien Gewerbebetriebe der Kommunalverbände bleiben von der Gewerbesteuer befreit. Auf die Betriebssteuer findet diese Bestimmung keine Anwendung.

Der Betrieb der Staatseisenbahnen und der der Eisenbahnabgabe unterliegenden Privateisenbahnen ist gewerbesteuerfrei.

Der Gewerbebetrieb im Umherziehen ist der Gewerbesteuer in den Gemeinden nicht unterworfen.

Zu Abs. 2: Zu den steuerfreien Gewerbebetrieben der Kommunalverbände gehören unbedingt Spar-, Landeskredit-, Bezirks- und Provinzial-Hülfs- und Darlehnskassen und Landeskultur-Rentenbanken (AusfAnw. Art. 19 Nr. 1.)

§ 29. Den Gemeinden ist die Einführung besonderer Gewerbesteuern gestattet.

Die Gewerbesteuern können namentlich bemessen werden nach dem Ertrage des letzten Jahres oder einer Reihe von Jahren, nach dem Werthe des Anlagekapitals oder des Anlage- und Betriebskapitals, nach sonstigen Merkmalen für den Umfang des Betriebes oder nach einer Verbindung mehrerer dieser Maßstäbe.

Das erste Muster zu einer Gewerbesteuerordnung ist abgedruckt Seite 106 ff. in Nr. 30 der Mitteil. für die Verwalt. der dir. Steuern sowie im PVBl. Bd. XVI S. 157 f. die Fußnote oben S. 61. — Das Gesetz läßt zu, daß in einer Gemeinde ein Teil der Gewerbebetriebe durch Steuerordnung zu besonderer Gewerbesteuer und im übrigen die Gewerbebetriebe zu Prozenten der staatlich veranlagten Gewerbesteuer herangezogen werden (AusfAnw. Art. 20 Nr. 1).

Eine Abrundung des Veranlagungsbetrages, welche Gewerbesteuer-Ordnungen für die Fälle vorschreiben, in welchen für bestimmte Betriebe eine Erhöhung des durch Gemeindebeschluß festgesetzten Steuersatzes stattzufinden hat, darf nur auf volle Hunderte stattfinden. V. 26. 7. 02 (MBl. S. 156).

§ 30. Sind besondere Gewerbesteuern nicht eingeführt, so erfolgt die Besteuerung in Prozenten der vom Staate veranlagten Gewerbesteuer.

Die auf Grund der Einlegung von Rechtsmitteln erfolgte Erhöhung oder Ermäßigung der veranlagten Gewerbesteuer zieht die entsprechende Abänderung der Veranlagung zur Gemeindesteuer nach sich.

Die Veranlagung hat sich auf sämmtliche Gewerbebetriebe, einschließlich des Bergbaues, zu erstrecken, welche der Gemeindebesteuerung unterliegen (§§ 3, 4 des Gesetzes wegen Aufhebung direkter Staatssteuern).

Auch die Änderung des Handelskammerzuschlages zieht die Änderung der staatlich veranlagten Gewerbesteuer infolge der Einlegung von Rechtsmitteln von selbst nach sich. V. 20. 2. 02. MBl. d. Handels-Gewerbe-Verw. S. 104.

§ 31. Eine verschiedene Abstufung der Gewerbesteuersätze und Prozente ist zulässig:

1. wenn die einzelnen Gewerbearten in verschiedenem Maße von den Veranstaltungen der Gemeinde Vortheil ziehen oder der Gemeinde Kosten verursachen, und soweit die Ausgleichung nicht nach §§ 4, 9, 10 oder 20 erfolgt;
2. wenn die gewerblichen Gebäude in stärkerem Verhältniß zur Gebäudesteuer herangezogen werden, als es auf Grundlage der staatlichen Gebäudesteuer der Fall sein würde, oder wenn die gewerblich benutzten Räume einer Miethssteuer unterliegen.

Die verschiedene Abstufung bedarf der Genehmigung.

§ 32. Erstreckt sich ein Gewerbebetrieb über mehrere Gemeindebezirke, so hat für den Fall der Erhebung von Prozenten der veranlagten Gewerbesteuer der zuständige Steuerausschuß auch für die im § 28 Nr. 2 bis 6 bezeichneten Betriebe die Zerlegung des Gesammtsteuersatzes in die auf die einzelnen Gemeinden entfallenden Theilbeträge zu bewirken (§ 38 des Gewerbesteuergesetzes vom 24. Juni 1891).

Werden besondere Gewerbesteuern umgelegt, so hat die Veranlagung nur nach Maßgabe des in der Gemeinde belegenen Theiles des Gewerbebetriebes zu erfolgen, bei besonderen Gewerbesteuern nach dem Ertrage unter sinngemäßer Anwendung der in den §§ 47, 48 dieses Gesetzes getroffenen Bestimmungen.

Zu Abs. 1: Wegen der Grundsätze, nach denen die Verteilung stattzufinden hat, vergl. Art 33 der AusfAnw. 4. 11. 95 zum GewSteuerG. Wie der in einem von mehreren Gemeindebezirken sich vollziehende Gewerbebetrieb (belegener Teil des Gewerbebetriebes) zu ermitteln ist, kann durch Steuerordnung geregelt werden. Ev. muß Schätzung eintreten. OVG. 17. 10 99 (Bd. 36 S. 30).

2. Gemeindeeinkommensteuer.

a) Steuerpflicht.

§ 33. Der Gemeindeeinkommensteuer sind unterworfen:

1. diejenigen Personen, welche in der Gemeinde einen Wohnsitz (§ 1 des Einkommensteuergesetzes vom 24. Juni 1891, Gesetz-Samml.

S. 175) haben, hinsichtlich ihres gesammten innerhalb und außerhalb des Preußischen Staatsgebietes gewonnenen Einkommens, insoweit dasselbe nicht von der Besteuerung freizulassen ist;

2. diejenigen Personen, welche in der Gemeinde, ohne in derselben einen Wohnsitz zu haben, Grundvermögen, Handels- oder gewerbliche Anlagen, einschließlich der Bergwerke, haben, Handel oder Gewerbe oder außerhalb einer Gewerkschaft Bergbau betreiben oder als Gesellschafter an dem Unternehmen einer Gesellschaft mit beschränkter Haftung betheiligt sind, hinsichtlich des ihnen aus diesen Quellen in der Gemeinde zufließenden Einkommens;

3. Aktiengesellschaften, Kommanditgesellschaften auf Aktien, Berggewerkschaften, eingetragene Genossenschaften, deren Geschäftsbetrieb über den Kreis ihrer Mitglieder hinausgeht (insbesondere Konsumvereine mit offenem Laden) und juristische Personen (insbesondere auch Gemeinden und weitere Kommunalverbände), welche in der Gemeinde Grundvermögen, Handels- oder gewerbliche Anlagen, einschließlich der Bergwerke, haben, Handel und Gewerbe, einschließlich des Bergbaues, betreiben oder als Gesellschafter an dem Unternehmen einer Gesellschaft mit beschränkter Haftung betheiligt sind, hinsichtlich des ihnen aus diesen Quellen in der Gemeinde zufließenden Einkommens. Hat eine Veranlagung zur Staatseinkommensteuer stattgefunden, so erfaßt die Gemeindeeinkommensteuer das hierbei veranlagte Einkommen, vorbehaltlich der Bestimmung im § 16 Abs. 3 a. a. O.;

4. der Staatsfiskus bezüglich seines Einkommens aus den von ihm betriebenen Eisenbahn-, Bergbau- und sonstigen gewerblichen Unternehmungen, sowie aus Domänen und Forsten.

Eisenbahnaktiengesellschaften, welche ihr Unternehmen dem Staate gegen eine unmittelbar an die Aktionäre zu zahlende Rente übertragen haben, sind als Besitzer von Eisenbahnen nicht zu erachten.

Jeder steuerpflichtige Grundstückskomplex und jede steuerpflichtige Unternehmung des Staatsfiskus gilt in Beziehung auf die Steuerpflicht als selbstständige Person. Die gesammten Staats- und für Rechnung des Staates verwalteten Eisenbahnen sind als Eine steuerpflichtige Unternehmung anzusehen. Im Uebrigen setzt die zuständige obere Verwaltungsbehörde fest, was als selbstständige Bergbau- oder sonstige gewerbliche Unternehmung des Staatsfiskus zu betrachten ist.

Neuanziehende können, auch wenn sie in der Gemeinde keinen Wohnsitz haben, gleich den übrigen Gemeindeeinwohnern zur Steuer herangezogen werden, sofern ihr Aufenthalt die Dauer von drei Monaten übersteigt.

Zu Nr. 1: Als Wohnsitz gilt hiernach jeder Ort, an welchem jemand eine Wohnung unter Umständen inne hat, die auf die Absicht der dauernden Beibehaltung einer solchen schließen lassen (AusAnw. Art. 23 Nr. 1a).

Zu Nr. 2: Auch Einkommen aus Pachtungen und aus dem Besitze oder Betriebe von Eisenbahnen gehören hierher (AusfAnw. Art. 23 Nr. 1b).

Die Grundsätze zur Ermittelung des steuerpflichtigen Einkommens aus Grundbesitz enthält AusfAnw. 6. 7. 00 zum StESt G. Art. 10—16. — Das Einkommen aus der Beteiligung an einer Gesellschaft mit beschränkter Haftung gilt bei der Gemeindebesteuerung je nach der Quelle als Einkommen aus Kapitalvermögen am

Sitz der Gesellschaft, aus Grundvermögen in der Belegenheitsgemeinde und als Einkommen aus Gewerbebetrieb am Betriebsorte. OVG. 4. 5. u. 4. 6. 98 (Bd. 33 S. 51ff.). Bez. der Einziehung s. noch § 67.

Zu Nr. 3: Nur der stehende Gewerbebetrieb, nicht auch das Hausiergewerbe ist der hier in Betracht kommenden Besteuerung unterworfen. — Der bei Aktiengesellschaften, Kommanditgesellschaften auf Aktien, Berggewerkschaften und eingetragenen Genossenschaften bei der Veranlagung zur Staatseinkommensteuer vorgeschriebene Abzug von 3½% des eingezahlten Aktienkapitals vom ermittelten Einkommen findet bei der Kommunalbesteuerung dieser Gesellschaften zc. nicht statt (AusfAnw. Art. 23 Nr. 1c; Aktiengesellschaften werden erst steuerpflichtig durch tatsächliche Verwendung erzielter Überschüsse zu einem der im § 16 EStG. bezeichneten Zwecke. OVG. 20. 11. 97 (PrVBl. XIX S. 177). Zur Tilgung der Unterbilanz eines Vorjahres verwendete Überschüsse sind also nicht einkommensteuerpflichtig. OVG. 31.5.00 (das. Bd. XXI S. 566); der Agiogewinn, welchen eine Aktiengesellschaft bei der Erhöhung des Grundkapitals durch die Begebung der neuen Aktien über den Nennwert erzielt, ist ein Teil der gesellschaftlichen Kapitaleinlage der neuen Aktionäre und demgemäß steuerrechtlich nicht als Einkommen der Gesellschaft aus ihrem Handels- oder Gewerbebetriebe anzusehen. OVG. 25. 6. 01 i. S. Nationalbank wider Fiskus. — Die einer Aktiengesellschaft aus der Quelle des Grundbesitzes zufließenden Nettomietserträge gehören dem Besteuerungsrechte derjenigen Gemeinden, welchen der Grundbesitz seiner Lage nach angehört. — Soweit Bureaus und Beamtenwohnungen direkt für das Geschäft benutzt werden, geben sie keinen Mietsertrag; ein bloßer Mietswert bleibt aber nach § 13 EStG. 24. 6. 91 bei nicht vermieteten, zum gewerblichen Betriebe benutzten Gebäuden für die Besteuerung des Grundbesitzes außer Ansatz. OVG. 2. 10. 95 PrVBl. XVII S. 165). Die vom OVG. bezüglich der Besteuerung der Aktiengesellschaften aufgestellten Leitsätze s. Schaff, Kommentar S. 56.

Im Gegensatz zu Ziff. 2 unterliegt bei den Rechtspersönlichkeiten nicht das aus Besitz oder Betrieb fließende, sondern das staatlich veranlagte Einkommen dem Besteuerungsrecht der Gemeinden, sodaß für die Gemeinden die Möglichkeit selbständiger Ermittelung ausgeschlossen ist. OVG. 19. 12. 96 (PrVBl. XVIII S. 184 s. auch unten Anm. zu § 47).

Zu Abs. 4: Die Veranlagungsbenachrichtigung der Aufenthaltsgemeinde muß während des Aufenthalts zugestellt sein. OVG. 22. 2. 96 (PrVBl. XVII S. 268).

§ 34. Das Einkommen aus bebauten und unbebauten Grundstücken, welche ganz oder zum Theil nach § 24 der Steuer vom Grundbesitz nicht unterworfen sind, unterliegt insoweit auch nicht der Gemeindeeinkommensteuer.

§ 35. Ein die Steuerpflicht begründender Betrieb von Handel und Gewerbe, einschließlich des Bergbaues, der im § 33 Nr. 2, 3 und 4 bezeichneten Personen und Erwerbsgesellschaften findet nur in denjenigen Gemeinden statt, in welchen sich der Sitz, eine Zweigniederlassung, eine Betriebs-, Werk- oder Verkaufsstätte oder eine solche Agentur des Unternehmens befindet, welche ermächtigt ist, Rechtsgeschäfte im Namen und für Rechnung des Inhabers, beziehungsweise der Gesellschaft, selbstständig abzuschließen. Der Eisenbahnbetrieb unterliegt der Steuerpflicht in den Gemeinden, in welchen sich der Sitz der Verwaltung (beziehungsweise einer Staatsbahnverwaltungsbehörde), eine Station oder eine für sich bestehende Betriebs- oder Werkstätte oder eine sonstige gewerbliche Anlage befindet.

Das Einkommen aus dem nicht mit eigenem Betriebe verbundenem Besitze von Handels- und gewerblichen Anlagen, einschließlich der Bergwerke, unterliegt der Besteuerung in denselben Gemeinden, in welchen das Einkommen aus dem Betriebe steuerpflichtig ist.

Eine Betriebsstätte im Sinne des § 35 ist nach konstanter Rechtsprechung des OVG. überall vorhanden, wo sich an einem festen örtlichen Mittelpunkte dauernd und bleibend der Hauptsache nach zufolge der Willensbestimmung des Unternehmers oder nach der Natur des Gewerbes Tätigkeiten vollziehen, welche den Inhalt des Gewerbebetriebes oder auch nur einen Teil desselben bilden; insbesondere auch „wenn diese Tätigkeit von solchen Mittelspersonen ausgeübt wird, welche sich in einem persönlichen Dienst- und Abhängigkeitsverhältnis zum Unternehmer befinden. Nöll 4. Aufl. S. 134ff. — Das Einkommen eines persönlich haftenden Gesellschafters einer Kommanditgesellschaft auf Aktien erklärt ein Bundesratsbeschluß 20. 6. 01 für Einkommen aus Handel und Gewerbe, das staatlicherseits am Betriebsorte zu versteuern ist, dessen Besteuerung an dem in einem anderen Bundesstaate belegenen Wohnsitze also gegen § 3 G. wegen Beseitigung der Doppelbesteuernng 13 5. 70 verstoßen würde; das OVG. hatte hinsichtlich der Gemeindebesteuerung durch Erk. 14. 3. 93 (Bd. 24 S. 40) dieses Einkommen als der Wohnsitzgemeinde zur Besteuerung verbleibendes Kapitaleinkommen angesehen.

§ 36. Gemeindesteuern von Einkommen dürfen, unbeschadet der Vorschrift im § 23 Absatz 2 und der Bestimmungen über die Veranlagung von Theileinkommen (§§ 49 bis 51), nur auf Grund der Veranlagung zur Staatseinkommensteuer und in der Regel nur in der Form von Zuschlägen erhoben werden. Diese Zuschläge müssen gleichmäßig sein. Zuschläge zur Ergänzungssteuer sind unzulässig.

Ist das gemeindesteuerpflichtige Einkommen ganz oder zum Theil zur Staatseinkommensteuer nicht veranlagt, so ist der dem Zuschlage zu Grunde zu legende Steuersatz, sofern sich aus den §§ 44 bis 46 nicht ein Anderes ergiebt, nach den für die Veranlagung der Staatseinkommensteuer geltenden Vorschriften zu ermitteln.

Die auf Grund der Einlegung von Rechtsmitteln, sowie die auf Grund der §§ 57, 58 des Einkommensteuergesetzes vom 24. Juni 1891 erfolgte Erhöhung oder Ermäßigung der veranlagten Staatseinkommensteuer zieht die entsprechende Abänderung des Gemeindezuschlags nach sich.

Zu Abs. 1: Die 3½% des Aktienkapitals sind vom Einkommen der Aktiengesellschaften bei der Gemeindebesteuerung derselben nicht abzugsfähig (vgl. Anmerk. zu Nr. 3 des § 33). — Der wegen Nichtabgabe der Steuererklärung von der Regierung festgesetzte Zuschlag von 25% der Staatssteuer bleibt, wo diese den Maßstab für die Kommunalbesteuerung bildet, außer Ansatz (OVG. 19. 9. 93, Bd 25 S. 78).

Zu Abs. 2: Der Forensalgemeinde gegenüber hat der Haushaltungsvorstand keinen Anspruch darauf, daß der Betrag von 50 Mk. für jedes nicht selbständig zu veranlagende Familienmitglied unter 14 Jahren von dem steuerpflichtigen Einkommen abgesetzt werde (OVG. 7. 11. 94, Bd. 17 S. 112). — In Forensalsachen ist der Forense (Ehefrau) zu besteuern, nicht der Haushaltungsvorstand, da der Gemeinde gegenüber weder der letztere, noch sein Gesamteinkommen zu besteuern, letzteres also auch nicht der Ermittelung bedürftig ist. OVG. 17. 4. 88 i. S. Willimeck wider Berlin. Da sich das gemeindesteuerpflichtige Einkommen der Beamten nicht mit ihren der Staatssteuern unterliegenden Einkommen deckt, haben die Gemeinden den ihnen einkommensteuerpflichtigen Teil des Gesamteinkommens selbständig zu ermitteln, ohne an die vorhergegangene Veranlagung des neu anziehenden Beamten in einer anderen Gemeinde gebunden zu sein und ohne daß ihnen der § 57 EStG. entgegensteht. (OVG. Besch. 30. 5. 02 PVBl. XXIV S. 97).

§ 37. Besondere Gemeindeeinkommensteuern sind nur aus besonderen Gründen gestattet und bedürfen der Genehmigung. Die bei der Veranlagung zur Staatseinkommensteuer erfolgte Feststellung des Einkommens und die

Stufen des Steuertarifs der Staatseinkommensteuer dürfen nicht abgeändert werden. Veränderungen der Sätze des Steuertarifs sind nur mit der Maßgabe zulässig, daß der Prozentsatz der Besteuerung des Einkommens bei den unteren Stufen nicht höher sein darf, als bei den oberen Stufen, und daß das im Tarif der Staatseinkommensteuer enthaltene Steigerungsverhältniß der Sätze nicht zu Ungunsten der oberen Stufen geändert werden darf.

Die Beibehaltung bestehender besonderer Gemeindeeinkommensteuern kann mit Zustimmung der Minister des Innern und der Finanzen ausnahmsweise und aus besonderen Gründen auch dann genehmigt werden, wenn sie den Vorschriften der Bestimmungen des Absatzes 1 nicht entsprechen.

Die Vorschriften des § 36 Absatz 2 und 3 finden auf die besonderen Gemeindeeinkommensteuern entsprechende Anwendung.

§ 38. Steuerpflichtige mit einem Einkommen von nicht mehr als 900 Mark werden, sofern in den Steuerordnungen §§ 23 Absatz 5, 37) nicht abweichende Bestimmungen getroffen sind, zu der Einkommensteuer nach Maßgabe folgender Steuersätze veranlagt:

1. bei einem Einkommen von nicht mehr als 420 Mark nach einem Steuersatze von $^2/_3$ vom Hundert des steuerpflichtigen Einkommens bis zum Höchstbetrage des Steuersatzes von 1,20 Mark;
2. bei einem Einkommen von mehr als 420 Mark bis einschließlich 660 Mark nach einem Steuersatze von 2,40 Mark;
3. bei einem Einkommen von mehr als 660 Mark nach einem Steuersatze von 4 Mark.

Steuerpflichtige mit einem Einkommen von nicht mehr als 900 Mark können durch Gemeindebeschluß, wenn die Deckung des Bedarfs der Gemeinde ohnehin gesichert ist, von der Beitragspflicht entbunden oder mit einem geringeren Prozentsatze herangezogen werden. Der Beschluß bedarf der Genehmigung. Ihre Freilassung muß erfolgen, sofern sie im Wege der öffentlichen Armenpflege fortlaufende Unterstützung erhalten.

Zu Abs. 1: Nach dem MR. 1. 6. 95 müssen die abweichenden Bestimmungen sich auf sämtliche Steuerpflichtige desselben Einkommens, nicht auf einzelne Klassen, z. B. Dienstboten, beziehen (Nöll S. 147).

§ 39. Die Gemeinde kann beschließen, Ausländer und Angehörige anderer Bundesstaaten, welche in der Gemeinde einen Wohnsitz, aber nicht des Erwerbes wegen haben, auf die Dauer von höchstens drei Jahren zu der Gemeindeeinkommensteuer nicht oder nur mit einem ermäßigten Prozentsatze heranzuziehen.

Der Beschluß bedarf der Genehmigung.

Diese Bestimmung schließt eine Ausnahme von der Regel in sich, gemäß welcher eine durch das Gesetz begründete Steuerpflicht durch Gemeindebeschluß nicht aufgehoben oder ermäßigt werden kann (AusfAnw. Art. 24).

§ 40. Von der Gemeindeeinkommensteuer sind befreit:

1. die Mitglieder des Königlichen Hauses und des Hohenzollernschen Fürstenhauses,
2. die bei dem Kaiser und Könige beglaubigten Vertreter fremder Mächte und die Bevollmächtigten anderer Bundesstaaten zum Bundes-

rathe, die ihnen zugewiesenen Beamten, sowie die in ihren und ihrer Beamten Diensten stehenden Personen, soweit sie Ausländer sind,

3. diejenigen Personen, denen sonst nach völkerrechtlichen Grundsätzen oder nach besonderen, mit anderen Staaten getroffenen Vereinbarungen ein Anspruch auf Befreiung zukommt.

Die Befreiungen zu Nr. 2 und 3 erstrecken sich nicht auf das im § 33 Nr. 2 bezeichnete Einkommen und bleiben ausgeschlossen, sofern in den betreffenden Staaten Gegenseitigkeit nicht gewährt wird.

Die bestehenden gesetzlichen Bestimmungen, gemäß welchen Standesherrn und deren Familien von Gemeindelasten befreit sind, bleiben — unbeschadet der Vorschriften in den §§ 21, 22 des gegenwärtigen Gesetzes — unberührt.

Zu Abs. 3: Wegen der hier in Betracht kommenden Rechtsverhältnisse der Standesherren s. AusfAnw. Art. 25. — Unter Gemeindelasten sind alle Lasten zu verstehen, auf welche die Bestimmungen des KAG. sich beziehen, also auch Naturaldienste (ebenda lit. e Abs. 3).

§ 41. Die Heranziehung der unmittelbaren und mittelbaren Staatsbeamten, Beamten des Königlichen Hofes, der Geistlichen, Kirchendiener und Elementarschullehrer, sowie der Wittwen und Waisen dieser Personen zu Einkommen- und Aufwandssteuern (§ 23) wird durch besonderes Gesetz geregelt. Bis zum Erlasse dieses Gesetzes kommen die Bestimmungen der Verordnung, betreffend die Heranziehung der Staatsdiener zu den Kommunalauflagen in den neu erworbenen Landestheilen, vom 23. September 1867 (Gesetz-Samml. S. 1648) mit der Maßgabe zur Anwendung, daß das nothwendige Domizil außer Berücksichtigung bleibt.

Die V. 23. 9. 67 ist als Anl. III abgedruckt. — Dieselbe faßt das in den alten Landestheilen bestehende Recht (G. 11. 7. 22, Deklar. 21. 1. 29 u. KO. 14. 5. 32) seiner grundsätzlichen Bedeutung nach zusammen (AusfAnw. Art. 26).

§ 42. Hinsichtlich der Heranziehung der Militärpersonen zu den auf das Einkommen gelegten Gemeindeabgaben bewendet es bei den bestehenden Bestimmungen.

Die Mitglieder der Gendarmerie gelten als Militärpersonen im Sinne dieses Gesetzes.

Zu Abs. 1: Das G. 11. 7. 22. gehört hinsichtlich der Militärpersonen nicht mehr zu den „bestehenden Bestimmungen." Es kommen die in der Anlage abgedruckten G. 29. 6. 86 u. 22. 4. 92 nebst V. 23. 9. 67 (s. oben § 41) in Betracht. V. 16. 12. 01 (MBl. 02 S. 8).

§ 43. Den Gemeinden sind Vereinbarungen mit Steuerpflichtigen gestattet, wonach von fabrikmäßigen Betrieben und von Bergwerken an Stelle der Gemeindesteuer vom Einkommen und vom Gewerbebetriebe ein für mehrere Jahre im Voraus zu bestimmender fester jährlicher Steuerbeitrag zu entrichten ist. Die Vereinbarung bedarf der Genehmigung.

Die Vereinbarung kann sich auf die Gemeindesteuer vom Einkommen und auf die vom Gewerbebetriebe zusammengenommen, sowie auch auf die eine oder andere dieser Steuern im einzelnen erstrecken (AusfAnw. Art. 31 Abs. 3).

b. Berechnung des steuerpflichtigen Einkommens der fiskalischen Domänen, Staats- und Privatbahnen.

§ 44. Das Reineinkommen aus fiskalischen Domänen und Forsten ist für die einzelnen Liegenschaften aus dem Grundsteuerreinertrage nach dem Verhältniß zu berechnen, in welchem der in der betreffenden Provinz aus den Domänen- und Forstgrundstücken erzielte etatsmäßige Ueberschuß der Einnahmen über die Ausgaben unter Berücksichtigung der auf denselben ruhenden Verbindlichkeiten und Verwaltungskosten zum Grundsteuerreinertrage steht.

Das Verhältniß ist durch den zuständigen Minister alljährlich endgültig festzustellen und öffentlich bekannt zu machen.

Zu Abs. 1: Wegen der Begriffe „Domänen" und „Forsten" vgl. Nöll S. 126 Note 64, ferner wegen der darauf ruhenden Verbindlichkeiten ebenda S. 177. Unter Verwaltungskosten sind die für die genannten Verwaltungen in der Central- und Provinzialinstanz entstehenden zu verstehen, z. B. Besoldung der Regierungs- ꝛc. Räte und der Bureau-Beamten (ebenda S. 177). Bezüglich der Heranziehung des Forstfiskus zu den Kommunalabgaben s. V. des landw. Ministers 14. 6. 99 (MBl. S. 97).

Zu Abs. 2: Die Feststellung erfolgt nicht nach 3jährigem Durchschnitt, sondern nach dem Ergebnis eines Jahres (Nöll S. 177).

§ 45. Als Reineinkommen der Staats- und für Rechnung des Staats verwalteten Eisenbahnen gilt der rechnungsmäßige Ueberschuß der Einnahmen über die Ausgaben mit der Maßgabe, daß unter die Ausgaben eine 3½prozentige Verzinsung des Anlage- beziehungsweise Erwerbskapitals nach der amtlichen Statistik der im Betriebe befindlichen Eisenbahnen zu übernehmen ist. Der sich danach ergebende steuerpflichtige Gesammtbetrag ist durch den zuständigen Minister alljährlich endgültig festzustellen und öffentlich bekannt zu machen.

Die Anwendung des 3jährigen Durchschnittes ist auch hier wie bei § 44 ausgeschlossen (Nöll S. 178.

§ 46. Als Reineinkommen der Privateisenbahnunternehmungen gilt der nach Vorschrift der Gesetze vom 30. Mai 1853 (Gesetz-Samml. S. 449) und 16. März 1867 (Gesetz-Samml. S. 465) behufs Erhebung der Eisenbahnabgabe für jede derselben ermittelte (beziehungsweise zu ermittelnde) Ueberschuß abzüglich der Eisenbahnabgabe mit der Maßgabe, daß bei der Berechnung nach dem Gesetze vom 16. März 1867 die zur Verzinsung und planmäßigen Tilgung der etwa gemachten Anleihen erforderlichen Beträge als Ausgabe mit in Anrechnung gebracht werden dürfen. Die sich danach ergebenden steuerpflichtigen Beträge sind von den mit der Aufsicht über die Privateisenbahnunternehmungen betrauten Staatsbehörden alljährlich endgültig festzustellen und öffentlich bekannt zu machen.

Auf Kleinbahnen (Gesetz vom 28. Juli 1892, Gesetz-Samml. S. 225) findet die vorstehende Bestimmung keine Anwendung.

Zu Abs. 1: Eine auf Preußischem Gebiete von einem anderen Staate betriebene Eisenbahn (nicht bloß gepachtete Strecke. OVG. 3. 10. 94 PrVBl XVI S. 97) gilt als eine „Privateisenbahnunternehmung" einer juristischen Person. Die durch Vertrag vor Erlaß des G. 27. 7. 85 einem anderen Staate hinsichts solchen Eisenbahnunternehmens eingeräumten Gemeindeeinkommensteuer-Befreiungen sind durch § 4 jenes G. (entsprechend dem § 46 KAG.) in Fortfall gekommen (OVG. 22. 3. 89, Bd. 18 S. 79). — Staatsaufsichtsbehörden sind seit 1. 4. 95 in 1. Instanz die Präsidenten der Eisenbahn-Direktionen, in 2. Instanz der Ressortminister (§ 6 Abs. 2 u. 6 u. § 2 der VerwaltungsO. für die Staatseisenbahnen, GS. 95 S. 12 u. MR. 2. 3. 95, EisbVBlatt Nr. 9). — Die Feststellung ist nicht im Verwaltungsstreitverfahren, sondern nur durch Beschwerde an den Ressortminister angreifbar; dieselbe erfolgt auch hier nach dem letzten Rechnungsjahr, nicht nach 3jähr. Durchschnitt (Nöll S. 180).

Zu Abs. 2: S. § 40 G. 28. 7. 92.

c. Vermeidung von Doppelbesteuerung.

§ 47. Die Vertheilung des gemeindesteuerpflichtigen Einkommens aus dem Besitze oder Betriebe einer sich über mehrere Preußische Gemeinden erstreckenden Gewerbe- oder Bergbauunternehmung erfolgt, sofern nicht zwischen den betheiligten Gemeinden und dem Steuerpflichtigen ein anderweiter Maßstab vereinbart ist, in der Weise, daß:

a) bei Versicherungs-, Bank- und Kreditgeschäften derjenigen Gemeinde, in welcher die Leitung des Gesammtbetriebes stattfindet, der zehnte Theil des Gesammteinkommens vorab überwiesen, dagegen der Ueberrest nach Verhältniß der in den einzelnen Gemeinden erzielten Bruttoeinnahme vertheilt,

b. in den übrigen Fällen das Verhältniß der in den einzelnen Gemeinden erwachsenen Ausgaben an Gehältern und Löhnen, einschließlich der Tantièmen des Verwaltungs- und Betriebspersonals, zu Grunde gelegt wird. Bei Eisenbahnen kommen jedoch die Gehälter, Tantièmen und Löhne desjenigen Personals, welches in der allgemeinen Verwaltung beschäftigt ist, nur mit der Hälfte, des in der Werkstättenverwaltung und im Fahrdienst beschäftigten Personals nur mit zwei Drittheilen ihrer Beträge zum Ansatz.

Erstreckt sich eine Betriebsstätte, Station ꝛc., innerhalb deren Ausgaben an Gehältern und Löhnen erwachsen, über den Bezirk mehrerer Gemeinden, so hat die Vertheilung nach Lage der örtlichen Verhältnisse unter Berücksichtigung des Flächenverhältnisses und der den betheiligten Gemeinden durch das Vorhandensein der Betriebsstätte, Station u. s. w. erwachsenen Kommunallasten zu erfolgen.

Bei den Staats- und für Rechnung des Staats verwalteten Eisenbahnen wird bis zum 1. April 1896 ein Drittheil des gesammten, nach § 36 steuerpflichtigen Reineinkommens dieser Bahnen denjenigen Gemeinden, welche vor dem 1. April 1880 steuerberechtigt waren und dieses Recht thatsächlich ausgeübt haben, zur Vertheilung nach Verhältniß der im Durchschnitt der dem 1. April 1880 vorangegangenen drei Steuerjahre zu den Gemeindeabgaben herangezogenen Reinerträge vorab überwiesen. Der Ueberrest wird nach den vorstehend unter b angegebenen Grundsätzen auf sämmtliche nach §§ 33, 35 berechtigte Gemeinden vertheilt. Vom 1. April 1896 ab erfolgt die Vertheilung nach den Grundsätzen unter b bei allen steuerberechtigten Gemeinden.

Für die Erstreckung über nicht Preußische Gemeinden ist § 48a durch G. 30. 7. 95 eingeschaltet.

Die Verteilung nach den Regeln zu a u. b erfolgt auf die nach § 35 beteiligten Gemeinden, sofern diese nicht gemäß § 43 unter Beitritt des Zensiten über den Verteilungsmaßstab sich einigen.

Bei der Besteuerung von Aktiengesellschaften aus nicht gewerblich benutztem Grundbesitz und Gewerbebetrieb ist gesetzlich nicht bestimmt, wie eine Teilung von beiden behufs Ermittelung des, auf jede von mehreren steuerberechtigten Gemeinden entfallenden Teiles an dem Gesamteinkommen (dem staatlich veranlagten ohne Abzug der 3 ½% des Grundkapitals) zu erfolgen hat. Es ist zunächst sowohl das Einkommen aus Grundbesitz, wie auch das gewerbliche Einkommen selbständig nach den allgemeinen Grundsätzen der §§ 13. 14 EStG. zu ermitteln und dann das steuerpflichtige Gesamteinkommen nach dem Verhältnis der beiden Summen zu teilen. Während der auf den Grundbesitz entfallende Anteil der Belegenheitsgemeinde verbleibt, ist der auf das Gewerbe entfallende gemäß § 47 unter die Betriebsgemeinden zu verteilen OVG. 8. 12. 97, 19. 2. 98 (PrVBl. XIX S. 445).

Zu lit. b: Es genügt also nicht, daß in einer Gemeinde ein Einkommen erzielt wird, ohne daß Ausgaben an Gehältern und Löhnen erwachsen OVG. 16. 3. 89 (Bd. 18 S. 123).

Zu lit. b Abs. 2: Die ganze über mehrere Gemeinden sich erstreckende Wasserwerks-Anlage (Quellenfassung, Brunnenstuben, Stollen, Leitungsrohr zum Hochreservoir, letzteres, Rohrnetz, Verkaufsstellen) bezw. der von derselben eingenommene Raum gilt als eine einzige Betriebsstätte in dem hier gemeinten Sinne (OVG. 30. 3. 89, Bd. 17 S. 249 — Desgl. bilden die mit dem Schienennetze eines sich über mehrere Gemeinden erstreckenden Pferdebahnunternehmens bedeckten Straßen dessen einheitliche Betriebsstätte (OVG 13. 5. 91, Bd. 22 S. 121). — In Betreff einer Gasanstalt ist vom OVG. am 23. 11. 88 (Bd. 17 S. 255) gegenteilig entschieden.

§ 48. Die Ermittelung der Bruttoeinnahmen der Versicherungs-, Bank- und Kreditgeschäfte, sowie der Angaben an Löhnen und Gehältern (§ 47) erfolgt in dreijährigem Durchschnitt nach Einsicht eines den steuerberechtigten Gemeinden von dem Unternehmer beziehungsweise Gesellschaftsvorstande jährlich mitzutheilenden Vertheilungsplanes. Derselbe ist bezüglich der Staatseisenbahnen (§ 45) für jeden Direktionsbezirk besonders aufzustellen.

§ 48a. Erstreckt sich ein Handels- oder Gewerbeunternehmen, einschließlich eines Bergbauunternehmens, über preußische und nichtpreußische Gemeinden, so finden behufs Ermittelung des dem Steuerpflichtigen in den verschiedenen Gemeinden zufließenden Einkommens die Vorschriften des § 47 sinngemäße Anwendung.

§ 49. Bei der Heranziehung der Steuerpflichtigen zur Einkommensteuer in ihren Wohnsitzgemeinden ist, unbeschadet der Bestimmungen des § 35, derjenige Theil des Gesammteinkommens außer Berechnung zu lassen, welcher außerhalb des Gemeindebezirks aus Grundvermögen, Handels- oder gewerblichen Anlagen, einschließlich der Bergwerke, aus Handels- und Gewerbebetrieb, einschließlich des Bergbaues, sowie aus der Betheiligung an dem Unternehmen einer Gesellschaft mit beschränkter Haftung (§ 33 Nr. 2) gewonnen wird. Zu diesem Behufe wird das Gesammteinkommen des Steuerpflichtigen eingeschätzt und der so ermittelte Steuerbetrag dem Verhältniß des außer Berechnung zu lassenden Einkommens zu dem Gesammteinkommen entsprechend herabgesetzt

Die Gemeinde, in welcher der Steuerpflichtige seinen Wohnsitz hat, ist jedoch, wenn das steuerpflichtige Einkommen weniger als ein Viertheil des Gesammteinkommens beträgt, berechtigt, durch Gemeindebeschluß ein volles Viertheil des Gesammteinkommens für sich zur Besteuerung in Anspruch zu nehmen. Der Anspruch vertheilt sich entstehenden Falls verhältnißmäßig auf die übrigen Theile des außerhalb des Gemeindebezirks zufließenden Einkommens und, soweit Preußische Forensalgemeinden in Betracht kommen, unter entsprechender Verkürzung des diesen Gemeinden zur Besteuerung zufallenden Einkommens. Steht der Anspruch mehreren Wohnsitzgemeinden zu, so ist dieser Bruchtheil nach Maßgabe des § 50 zu vertheilen.

Die §§ 49 u. 50 haben durch G. 30. 7. 95 ihre jetzige Fassung erhalten. Die Änderungen und Zusätze sind gesperrt gedruckt. — Die hier in Rede stehenden „Steuerpflichtigen" sind nur physische, nicht juristische Personen; die Wohnsitzgemeinden nur preußische. — Das der Berechnung für die Wohngemeinde zu Grunde zu legende Gesamteinkommen (§§ 49. 50) umfaßt die Summe aller im In- und Auslande aufkommenden Reineinnahmen. Nach diesem Gesamteinkommen ist auch das Viertel zu berechnen. OVG. 14. 11. 99 (Bd. 36 S. 34).

Zu Abs. 1: Wenn der forensale Teil des Gesamteinkommens bei der Heranziehung des Steuerpflichtigen in der Wohnsitzgemeinde auch außer Berechnung zu lassen ist, so haftet er doch anteilig bei allen Lasten des Gesamteinkommens, die in einer besonderen Quelle keine Deckung finden. OVG. 22. 2. 01 (Bd. 39 S. 58).

Zu Abs. 2: Nach der ursprünglichen Fassung des KAG. unterlag das außerpreußische Einkommen der Besteuerung der Wohnsitzgemeinden. Durch die Novelle vom 30. 7. 95 ist das außerpreußische Forensaleinkommen nun dem preußischen gleichgestellt; insbesondere auch hinsichtlich des der Wohnsitzgemeinde zukommenden Viertels. Die Wohnsitzgemeinde kann das Viertel auch dann beanspruchen, wenn der Zensit sein Einkommen nur in nichtpreußischen Orten erwirbt und auch wenn es teilweise aus dem Auslande, teilweise aus Preußen stammt, OVG. 20. 2. 00 i. S. Berlin wider Krojanker. S. auch § 50 zu Abs. 4. — Berechnungen zu § 49 f. bei Nöll.

§ 50. Bei der Einschätzung von Personen mit mehrfachem Wohnsitz innerhalb oder innerhalb und außerhalb des Preußischen Staatsgebietes in ihren Preußischen Wohnsitzgemeinden verbleibt derjenige Theil des Gesammteinkommens, welcher aus Grundvermögen, Handels- oder gewerblichen Anlagen, einschließlich der Bergwerke, aus Handel oder Gewerbe, einschließlich des Bergbaues, sowie aus der Betheiligung an dem Unternehmen einer Gesellschaft mit beschränkter Haftung fließt, der Belegenheits- beziehungsweise der Betriebsgemeinde. Beträgt jedoch dieser Theil mehr als drei Viertheile des Gesammteinkommens der Steuerpflichtigen, so gelangt die Bestimmung im § 49 Absatz 2 dieses Gesetzes sinngemäß zur Anwendung.

Neuanziehende, welche in einer Gemeinde wegen ihres die Dauer von drei Monaten übersteigenden Aufenthalts zu den Gemeindesteuern herangezogen werden (§ 33 Absatz 4), sind insoweit denjenigen gleichgestellt, welche in dieser Gemeinde ihren Wohnsitz haben.

Im Uebrigen dürfen Personen mit mehrfachem Wohnsitz innerhalb des Preußischen Staatsgebietes in jeder Preußischen Wohnsitzgemeinde nur mit dem der Zahl dieser Gemeinden entsprechenden Bruchtheile ihres Einkommens herangezogen werden. Wohnsitzgemeinden, in welchen der Steuerpflichtige sich im Laufe des voraufgegangenen Rechnungsjahres überhaupt nicht oder kürzere Zeit als drei Monate aufgehalten hat, werden hierbei nicht mitgezählt.

In allen Fällen ist das Gesammteinkommen des Steuerpflichtigen einzuschätzen und der so ermittelte Steuerbetrag dem Verhältniß des außer Berechnung zu lassenden Einkommens zu dem Gesammteinkommen entsprechend herabzusetzen.

Zu Abs. 1 u. 3: Daß die Wohnsitzgemeinde ein Viertel zur Besteuerung erhält, ist in § 49 Abs. 2 nur Forensalgemeinden gegenüber angeordnet. Einer zweiten

Wohnsitzgemeinde gegenüber kommt dies nur zur Anwendung, wenn das Belegenheitseinkommen der ersten W. G. mehr als drei Viertel des Gesamteinkommens beträgt. Sind also in einer W. G. mehr als drei Viertel des Gesamteinkommens radiziert, so ist dieselbe verpflichtet, der andern oder mehreren W. G. einen Teil des in ihr radizierten Einkommens zu überlassen; im übrigen bleibt der auf Abs. 3 beruhende Anspruch auf anteilige Besteuerung des im Gesamteinkommen enthaltenen, nicht radizierten Einkommens unberührt. OVG. 21. 9. 00 (Bd. 37 S. 65). Die betreffende Wohnsitzgemeinde läßt also, je nach der Sachlage, den drei Viertel des Gesamteinkommens übersteigenden Teil des radizierten Einkommens frei oder behält den drei Viertel nicht erreichenden Teil ganz und in beiden Fällen wird das Einkommen aus Kapital und gewinnbringender Beschäftigung geteilt.

Zu Abs. 2 u. 3: Schon durch das Vorhandensein einer zweiten Wohnsitz- oder Aufenthaltsgemeinde wird das Steuerrecht einer Wohnsitzgemeinde seinem objektiven Inhalte nach beschränkt, sodaß, wenn eine berechtigte Wohnsitz- oder Aufenthaltsgemeinde es unterlassen hat, von ihrem Steuerrecht Gebrauch zu machen, der Steueranspruch einer mitberechtigten Aufenthalts- oder Wohnsitzgemeinde dadurch nicht erhöht wird. OVG. 14. 11. 99 (Bd. 36 S. 34). Der Aufenthalt kann sich auch auf 2 Steuerjahre verteilen. OVG. 23. 1. 91 (Bd. 20. S. 100). Auch die Aufenthaltsgemeinde muß, um mitberechtigt zu sein, den dreimonatlichen Aufenthalt des Zensiten im Vorjahre nachweisen. OVG. 17. 10. 96 (Bd. 30. S. 16).

Zu Abs. 4: Das ausländische Kapitaleinkommen wird unverkürzt versteuert und das Einkommen aus ausländischem Grundbesitz und Gewerbebetrieb ist, wenn es auch freigelassen werden muß, hier bei der Feststellung des Gesamteinkommens miteinzubeziehen.

§ 51. Ist das der Staatseinkommensteuer unterliegende Gesammteinkommen eines Steuerpflichtigen nach seinen Theilen in mehreren Preußischen Gemeinden steuerpflichtig, so darf das in diesen Gemeinden steuerpflichtige Einkommen im Ganzen den Höchstbetrag derjenigen Steuerstufe nicht übersteigen, in welche der Steuerpflichtige bei der Veranlagung zur Staatseinkommensteuer eingeschätzt worden ist. Zu diesem Behufe sind die Theile des Einkommens, sofern sie auch nach erfolgter Richtigstellung im Ganzen den Höchstbetrag der Steuerstufe übersteigen, verhältnißmäßig herabzusetzen (§§ 71 bis 74).

Besitzt der Steuerpflichtige in einer Gemeinde verschiedene Quellen von Einkommen, so sind dieselben für die Besteuerung in der Gemeinde als ein Ganzes zu erachten.

Zu Abs. 1: Der Grundsatz des Satzes 1 hat zur Voraussetzung, daß sich das gesamte gemeindesteuerpflichtige Einkommen mit dem staatssteuerpflichtigen Einkommen deckt, daß das der Gemeindebesteuerung unterliegende Einkommen als Gesamteinkommen staatssteuerpflichtig ist. Der Grundsatz ist also nicht anwendbar, wenn die Gemeindebesteuerung auch ausländisches Einkommen ergreift, und wenn eine Wohnsitzgemeinde mit einer Forensalgemeinde konkurriert, so kommt nur in ersterer der § 51 zur Anwendung, da nur in ihr das Gesamteinkommen steuerpflichtig ist OVG. 14. 11. 99 u. 20. 2. 00 (Bd. 36 S. 34. 41). Vgl. auch oben § 36 zu Abs. 2. — Im übrigen ist von einer gleichmäßigen Berechtigung der Gemeinden auszugehen und daher hat bei der Kollision dieser Rechte jeder Steuergläubiger soviel nachzugeben, daß das Recht des andern zu verhältnismäßig nicht geringerer Geltung gelangt. OVG. 2. 10. 95 (PrVBl. XVII S. 165).

Zu Abs. 2: Dieser Absatz hat sich nach einer Entscheidung des OVG. v. 13. 2. 03 i. S. Zehdenick wider Schrobsdorf seiner Entstehungsgeschichte nach auf solche Rechtspersönlichkeiten zu beziehen, welche nicht der StESt. unterliegen.

§ 52. In den Fällen der §§ 47 bis 51 sind behufs Ermittelung des gemeindesteuerpflichtigen Einkommens die selbstständigen Gutsbezirke den Gemeinden gleich zu achten.

3. Verpflichtung der Betriebsgemeinden zur Leistung von Zuschüssen.

§ 53. Wenn einer Gemeinde, welcher ein Besteuerungsrecht nach § 35 nicht zusteht, durch den in einer anderen Gemeinde stattfindenden Betrieb von Berg-, Hütten oder Salzwerken, Fabriken oder Eisenbahnen nachweisbar Mehrausgaben für Zwecke des öffentlichen Volksschulwesens oder der öffentlichen Armenpflege erwachsen, welche im Verhältnisse zu den ohne diese Betriebe für die erwähnten Zwecke nothwendigen Gemeindeausgaben einen erheblichen Umfang erreichen und eine Ueberbürdung der Steuerpflichtigen herbeizuführen geeignet sind, so ist eine solche Gemeinde berechtigt, von der Betriebsgemeinde einen angemessenen Zuschuß zu verlangen. Bei der Bemessung desselben sind neben der Höhe der Mehrausgaben auch die nachweisbar der Gemeinde erwachsenden Vortheile zu berücksichtigen. Die Zuschüsse der Betriebsgemeinde dürfen in keinem Falle mehr als die Hälfte der gesammten in der Betriebsgemeinde von den betreffenden Betrieben zu erhebenden direkten Gemeindesteuern betragen.

Liegt der Betrieb in einem Gutsbezirk, so richtet sich der Anspruch gegen den Gewerbetreibenden; der Zuschuß darf in diesem Falle den vollen Satz der staatlich veranlagten Gewerbesteuer nicht übersteigen.

Ueber den Anspruch beschließt in den Fällen, in welchen keine Einigung der Betheiligten erfolgt, der Kreisausschuß, soweit die Stadt Berlin oder andere Stadtgemeinden betheiligt sind, der Bezirksausschuß. Gegen den Beschluß findet innerhalb zwei Wochen der Antrag auf mündliche Verhandlung im Verwaltungsstreitverfahren statt.

Zutreffendenfalls kommen die Bestimmungen des § 58 des Gesetzes über die allgemeine Landesverwaltung vom 30. Juli 1883 (Gesetz-Samml. S. 195) dahin zur Anwendung, daß auch in den Fällen, in welchen die Stadt Berlin betheiligt ist, der Minister des Innern den Bezirksausschuß bestimmt, welcher zu beschließen hat.

4. Vertheilung des Steuerbedarfs auf die verschiedenen Steuerarten.

§ 54. Die vom Staate veranlagten Realsteuern sind in der Regel mindestens zu dem gleichen und höchstens zu einem um die Hälfte höheren Prozentsatze zur Kommunalsteuer heranzuziehen, als Zuschläge zur Staatseinkommensteuer erhoben werden.

So lange die Realsteuern 100 Prozent nicht übersteigen, ist die Freilassung der Einkommensteuer oder eine Heranziehung derselben mit einem geringeren als dem im ersten Absatze bezeichneten Prozentsatze zulässig.

Werden mehr als 150 Prozent der staatlich veranlagten Realsteuern erhoben und ist die Staatseinkommensteuer mit 150 Prozent belastet, so können von dem Mehrbetrage für jedes Prozent der staatlich veranlagten Realsteuern 2 Prozent der Staatseinkommensteuer erhoben werden.

Mehr als 200 Prozent der Realsteuern dürfen in der Regel nicht erhoben werden.

Wegen der Verteilung des Steuerbedarfs auf die verschiedenen Steuerarten siehe AusfAnw. Art. 39 u. 40, sowie die MR. 22. 1. 95, MBl. S. 33, 24. 1. 95, MBl.

S. 35, 18. 3., 15. 4., 2. 5., 10. 5. 95, MBl. S. 118 bis 120, 7. 12. 95, MBl. 96 S. 5, 3. 12. 00, MBl. 01 S. 5.

§ 55. Zuschläge über den vollen Satz der Staatseinkommensteuer hinaus, sowie Abweichungen von den im § 54 enthaltenen Vorschriften bedürfen der Genehmigung; die Abweichungen sind nur aus besonderen Gründen zu gestatten.

In beiden Fällen ist davon auszugehen, daß Aufwendungen der Gemeinde, welche in überwiegendem Maße dem Grundbesitze und dem Gewerbebetriebe zum Vortheile gereichen, insoweit in der Regel durch Realsteuern gedeckt werden sollen, sofern die Ausgleichung nicht nach §§ 4, 9, 10 oder 20 erfolgt. Zu solchen Aufwendungen gehören namentlich die Ausgaben für den Bau und die Unterhaltung von Straßen und Wegen, für Ent- und Bewässerungsanlagen, sowie für die Verzinsung und Tilgung der zu derartigen Zwecken aufgenommenen Schulden.

Siehe Anmerk. zu § 54 u. namentlich bez. der Genehmigung das letzte Reskript zu Zff. 5.

§ 56. Zur Deckung des durch Realsteuern aufzubringenden Steuerbedarfs sind die veranlagten Grund-, Gebäude- und Gewerbesteuern in der Regel mit dem gleichen Prozentsatze heranzuziehen.

Genießen jedoch die Grund-(Haus-)Besitzer oder Gewerbetreibenden von Veranstaltungen der Gemeinde besondere Vortheile oder verursachen sie der Gemeinde besondere Kosten, so ist, sofern die Ausgleichung nicht nach §§ 4, 9, 10 oder 20 erfolgt, der durch die Realsteuern aufzubringende Steuerbedarf (§§ 54, 55) auf die Steuern vom Grund-(Haus-)Besitz und Gewerbebetrieb, in Prozenten der veranlagten Realsteuern berechnet, anderweitig entsprechend unterzuvertheilen, jedoch mit der Maßgabe, daß Grund- und Gebäudesteuer höchstens doppelt so stark herangezogen werden, wie die Gewerbesteuer und umgekehrt.

Ausnahmen können aus besonderen Gründen von den Ministern des Innern und der Finanzen zugelassen werden.

Vorstehende Bestimmungen finden sinngemäße Anwendung auf die Heranziehung der Grundsteuer im Verhältniß zur Gebäudesteuer.

Die Untervertheilung (Absatz 2 und 4) bedarf der Genehmigung.

Siehe Anmerk. zu § 54.

§ 57. Bei der Vertheilung des Steuerbedarfs (§§ 54, 55, 56) ist das Aufkommen besonderer Gemeindesteuern (§ 23 Absatz 2, §§ 25, 29, 37) je nach ihrer Einrichtung und Beschaffenheit auf denjenigen Theil des Steuerbedarfs zu verrechnen, welcher durch Prozente der entsprechenden, vom Staate veranlagten Steuer aufzubringen ist.

Miethssteuern von gewerblich benutzten Räumen sind auf die Gewerbesteuer zu verrechnen.

Zu Abs. 1: Siehe Anmerk. zu § 54.

§ 58. Die Bestimmungen der §§ 54, 56 und 57 finden auf die Betriebssteuer und auf die Steuern von Bauplätzen (§ 27 Absatz 2) keine Anwendung. Zuschläge zu der Betriebssteuer, die 100 Prozent übersteigen, bedürfen der Genehmigung.

Hier handelt es sich nur um Zuschläge zur Betriebssteuer, welche außer dem an die Kreise Abzuführenden zu Gunsten der Gemeinden erhoben werden (MR. 31. 1. 95, MBl. S. 36).

§ 59. Ueber die Vertheilung des Steuerbedarfs nach den vorstehenden Bestimmungen (§§ 54 bis 57) hat die Gemeinde bis zum Ablaufe der ersten drei Monate des Rechnungsjahres Beschluß zu fassen. Kommt bis zu diesem Zeitpunkte ein gültiger Beschluß nicht zu Stande, so werden behufs Deckung des Steuerbedarfs — unbeschadet der Vorschrift im § 96 Absatz 4 — die Realsteuern mit einem um die Hälfte höheren Prozentsatze als die Einkommensteuer, unter sich nach gleichen Prozentsätzen, herangezogen. Die Aufsichtsbehörde ist jedoch befugt, die Deckung des Steuerbedarfs nach Maßgabe der §§ 54, 55 anzuordnen.

Der hiernach zur Anwendung gelangende Maßstab behält so lange Geltung, als nicht bis zum Ablaufe der ersten drei Monate des jedesmaligen Rechnungsjahres ein gültiger Gemeindebeschluß über die Vertheilung des Steuerbedarfs zu Stande gekommen ist.

Vgl. hierzu Art. 40 AusfAnw. und MR. 22. 12. 94, Abschn. 11 Abs. 4, MBl. 95 S. 17.

5. Zeitliche Begrenzung der Steuerpflicht.

§ 60. Soweit sich die Gemeindesteuern den Staatssteuern anschließen und etwas Anderes nicht bestimmt ist, gelten für den Zeitpunkt des Beginnens und des Erlöschens der Steuerpflicht die für die entsprechende Staatssteuer bestehenden Vorschriften.

Im Uebrigen gelten hinsichtlich der Dauer der Steuerpflicht folgende Bestimmungen:

1. Die Steuerpflicht beginnt:
   a) soweit sie von der Begründung eines Wohnsitzes oder Sitzes in einer Gemeinde abhängt, mit dem ersten Tage des auf die Begründung des Wohnsitzes oder Sitzes folgenden Monats;
   b) soweit sie von dem Aufenthalte in einer Gemeinde abhängt, mit dem ersten Tage des nach dem Ablaufe der maßgebenden Aufenthaltsfrist (§ 33 Absatz 4) beginnenden Monats;
   c) soweit sie durch Grundvermögen, Betrieb von Handel oder Gewerbe, einschließlich des Bergbaues, bedingt ist (§ 33 Nr. 2, § 35), mit dem ersten Tage des auf den Erwerb des Grundvermögens oder den Beginn des Betriebes folgenden Monats.

Ist in dem zu b bezeichneten Falle die Steuerpflicht in Folge des Ablaufs der Aufenthaltsfrist oder der früheren Begründung eines Wohnsitzes eingetreten, so muß die Steuer seit dem ersten Tage des nach erfolgter Aufenthaltsnahme begonnenen Monats nachentrichtet werden.

2. Die Steuerpflicht erlischt:
   a) durch den Tod des Steuerpflichtigen mit dem Ablaufe des Monats, in welchem der Tod erfolgt ist;
   b) durch das Aufgeben des Wohnsitzes, Sitzes oder Aufenthalts mit dem Ablaufe des Monats, in welchem der Wohnsitz, Sitz oder Aufenthalt thatsächlich aufgegeben worden ist, sofern jedoch bis zu diesem Zeitpunkte der Gemeindebehörde hiervon keine Anzeige erstattet ist, erst mit dem Ablaufe des folgenden Monats;
   c) durch die Veräußerung des Grundvermögens beziehungsweise die Einstellung des die Steuerpflicht bedingenden Betriebes von

Handel oder Gewerbe, einschließlich des Bergbaues (§ 33 Nr. 2, § 35), mit dem Ablaufe des Monats, in welchem die Veräußerung beziehungsweise die Einstellung des Betriebes erfolgt ist.

Zu Abs. 1: Diese Vorschriften sind im Art. 41 AusfAnw. zusammengestellt.

Zu Nr. 2 b: Ist das Band, welches einen Kommunalsteuerpflichtigen mit einer Gemeinde — sei es durch Wohnsitz, Aufenthalt, Grundbesitz oder Gewerbebetrieb — verbunden hatte, einmal gelöst, so kann eine nachträgliche Heranziehung zur Einkommen- oder einer anderen Kommunalsteuer nicht mehr erfolgen, auch nicht hinsichts der Zeit, für welche die Steuerpflicht tatsächlich bestanden hat (OVG. 23. 11. 93 u. 22. 2. 96, D. Reichsanz. 96 Nr. 124). (Bd. 29. S. 19), 6. 4. 00 (Bd. 37 S. 80). Die Gemeinde muß also das Besteuerungsrecht durch rechtzeitige Heranziehung während des Aufenthaltes üben. Ein inzwischen verzogener Forense kann jedoch nachträglich auf Grund des Aufenthalts besteuert werden. 22. 12. 97 (PrVBl. XIX S. 379). In der Praxis erfolgt die Zustellung möglichst vor Ablauf von drei Monaten.

6. Veranlagung und Erhebung.

§ 61. Die Veranlagung erfolgt durch den Gemeindevorstand oder einen besonderen Steuerausschuß der Gemeinde.

Die Zusammensetzung und die Geschäftsordnung der Steuerausschüsse sind unter sinngemäßer Anwendung der Vorschriften der §§ 50 Absatz 3 bis einschließlich 54 des Einkommensteuergesetzes vom 24. Juni 1891 durch Gemeindebeschluß zu bestimmen.

Zu Abs. 1: Die Pflicht zur Übernahme und die Befugnis zur Niederlegung eines Amtes als Mitglied des Steuerausschusses regeln sich nach den entsprechenden Bestimmungen der Gemeindeverfassungsgesetze (AusfAnw. Art. 42).

Zu Abs. 2: Als Anlage des MR. 16. 3. 95 ist im MBl. S. 116 ff. das Muster zu einem Gemeinde-Beschlusse, betr. die Veranlagung und Erhebung der direkten Gemeindesteuern abgedruckt, welches in § 10 Nr. 3 Abs. 2 gemäß MR. 4. 4. 96 MBl. S. 66 durch Wegfall der beiden Worte: „Preußischen" eine Änderung erhalten hat.

§ 62. Dem Gemeindevorstande (Steuerausschuß) sind von den zuständigen Staatsbehörden diejenigen bei der Veranlagung oder Festsetzung der Staatssteuern bekannt gewordenen Besteuerungsmerkmale, deren er für die Veranlagung bedarf, auf Ersuchen mitzutheilen.

Zu dem gleichen Zwecke haben die Behörden anderer Gemeinden hinsichtlich der ihnen bekannten Besteuerungsmerkmale dem Gemeindevorstande (Steuerausschuß) auf Erfordern Auskunft zu ertheilen.

Zu Abs. 2: Ueber Sparkasseneinlagen ist Auskunft nicht zu erteilen (MR. 25. 1. 93, Mitt. f. d. Verw. der direkten Steuern Nr. 26 S. 15).

§ 63. Durch die Steuerordnung können die Rechte des Gemeindevorstandes (Steuerausschusses) und die Obliegenheiten der Steuerpflichtigen nach Maßgabe folgender Bestimmungen geregelt werden.

Der Gemeindevorstand (Steuerausschuß) kann, soweit er nicht auf anderem Wege (§ 62) zur Kenntniß der für die Veranlagung maßgebenden Besteuerungsmerkmale gelangt ist, ermächtigt werden, von den Steuerpflichtigen hierüber binnen einer angemessenen Frist Auskunft zu erfordern. Die Aufforderung muß in jedem einzelnen Falle durch eine besondere, dem Steuerpflichtigen zuzustellende Zuschrift erfolgen.

Die Verpflichtung zur Auskunftsertheilung erstreckt sich nur auf die Beantwortung der bei der Aufforderung gestellten Fragen über bestimmte Thatsachen. Soweit es sich um Schätzungen handelt, ist der Steuerpflichtige eine Erklärung abzugeben berechtigt, aber nicht verpflichtet.

Wird die Auskunftsertheilung beanstandet, so sind dem Steuerpflichtigen vor der Veranlagung die Gründe der Beanstandung mit dem Anheimstellen mitzutheilen, hierüber binnen einer angemessenen Frist eine weitere Erklärung abzugeben.

Die im Vorstehenden wegen der Steuerpflichtigen getroffenen Bestimmungen finden auf Bevollmächtigte und gesetzliche Vertreter der Steuerpflichtigen sinngemäße Anwendung.

Nöll (S. 232 Note 3) hält diesen § nur in den Fällen der §§ 18 u. 23 KAG., also nur wenn eine Steuerordnung erlassen werden muß, für anwendbar und erklärt es für eine nur im Wege der Gesetzgebung auszufüllende Lücke im KAG., daß der Veranlagungsbehörde das Fragerecht nicht auch in anderen Fällen, wenn z. B. Zuschläge zur Staatseinkommensteuer erhoben werden und das gemeindesteuerpflichtige Einkommen ganz oder zum Teil nicht veranlagt ist (§ 36 Abs. 2), verliehen worden ist. Die AusfAnw. (Art. 42 Nr. 3) will die Frage, ob die Einrichtung eines Steuerausschusses und die Regelung der Geschäftsordnung desselben nach § 61 KAG. auch in Fällen dieser Art (§ 36 Abs. 2) angängig ist, nach dem bestehenden Gemeindeverfassungsgesetze beurteilt wissen. — Die Auskunftsverweigerung kann nach der AusfAnw. nur durch Steuerordnung mit Strafe bedroht werden. Die gewünschte Auskunft kann auch durch mündliches Benehmen erlangt werden (AusfAnw. Art. 42 Nr. 2 Abs. 2 u. 3 u. Nr. 3).

Siehe ferner auch Anmerk. zu § 61 Abs. 2.

§ 64. Durch Steuerordnung kann bestimmt werden, daß die Veranlagung besonderer Realsteuern für mehrere aufeinander folgende Rechnungsjahre zu erfolgen hat. Soweit eine Bestimmung nicht getroffen ist, geschieht die Veranlagung für je ein Rechnungsjahr.

§ 65. Im Falle der Erhebung von Prozenten der vom Staate veranlagten Realsteuern, sowie von Zuschlägen zur Staatseinkommensteuer erfolgt die Bekanntmachung der Steuern durch den Gemeindevorstand für diejenigen Steuerpflichtigen, bezüglich deren die staatlich veranlagte Steuer die unveränderte Grundlage der Prozente oder Zuschläge bildet, durch eine in ortsüblicher Weise zu bewirkende Veröffentlichung der zu erhebenden Prozentsätze, für andere Steuerpflichtige durch besondere Mittheilung.

Bei Erhebung besonderer Gemeindesteuern geschieht die Bekanntmachung durch den Gemeindevorstand für die im Gemeindebezirke wohnenden steuerpflichtigen physischen Personen mittelst Auslegung der Hebeliste während eines zweiwöchigen Zeitraumes in einem oder mehreren, in ortsüblicher Weise zur öffentlichen Kenntniß zu bringenden Räumen des Gemeindebezirks, für die übrigen Steuerpflichtigen durch besondere Mittheilung.

Bei Zugängen im Laufe des Jahres bedarf es stets besonderer Mittheilung.

Durch Gemeindebeschluß kann an Stelle der Bekanntmachung durch Auslegung eine besondere Mittheilung an jeden einzelnen Pflichtigen angeordnet werden.

Zu Abs. 1: Der Steuerpflichtige muß aus der Veranlagungs-Benachrichtigung den Betrag der von ihm im ganzen geforderten Steuern zu entnehmen vermögen, damit die Veranlagung geprüft werden kann (OVG 30. 1. 78, Bd. 3 S. 69 ff., 20. 11. 80, Bd. 7 S. 151). — Wegen der Zustellung der Mitteilungen siehe AusfAnw. Art. 43 Nr. 1 Abs. 5 u. 6: Bei der Belehrung hinsichtlich des Rechtsmittels empfiehlt es sich auch auf den gegebenen Falles an Stelle des Einspruches zustehenden Verteilungsantrag hinzuweisen. MR. 2. 1. 97 (MBl. S. 5); unverschlossene Zustellung ist zu vermeiden. MR. 18. 4. 98 (MBl. S. 89). Im Falle der Abwesenheit des Steuerpflichtigen muß ein dritter zum Empfang von Mitteilungen über den Betrag der zu zahlenden Abgaben schriftlich legitimiert sein, falls nicht observanzmäßig andere Formvorschriften bestehen. OVG. 6. 6. 83 (Bd. 10 S. 79). S. auch Anm. zu § 60 Nr. 2b.

§ 66. Nach erfolgter Bekanntmachung (§ 65) ist die Steuer in den ersten 8 Tagen eines jeden Monates zu entrichten. An Stelle des Monats kann durch Gemeindebeschluß eine zwei- oder dreimonatliche Hebeperiode eingeführt werden. Auch können durch Gemeindebeschluß bestimmte Hebungstage festgesetzt werden.

Wenn die zu erhebenden Prozentsätze der vom Staate veranlagten Realsteuern oder die Zuschläge zur Einkommensteuer 50 vom Hundert nicht übersteigen, so kann durch Gemeindebeschluß unter Festsetzung der Hebetermine die Hebung der Steuer in halbjährigen Beträgen oder auch im Betrage des ganzen Jahres angeordnet werden.

Dem Pflichtigen ist stets die Vorausbezahlung mehrerer Raten bis zum ganzen Jahresbetrage gestattet.

Das Finanz-MinR. 14. 11. 94 (Mitt. 30 S. 44) nimmt an, daß nach Analogie der §§ 57—59 EStG. jede Eink.-Steuer erst mit jedem Monats-Ersten für den laufenden Monat entsteht. Daher ist nur die Einkommensteuer bis zum Monat einer Konkurseröffnung einschließlich zur Beanspruchung des Vorrechts aus § 54^2 (jetzt § 61^2) Konk. O. anzumelden. Vom folgenden Monat ab schuldet der Zensit aus seinem, nicht der Konk.-Eröffnung unterliegenden Vermögen und kann Ermäßigung beantragen.

§ 67. Die Gemeinden können die von den Mitgliedern einer Gesellschaft mit beschränkter Haftung gemäß § 33 Nr. 2 und 3 zu entrichtende Gemeindeeinkommensteuer von der Gesellschaft einziehen.

Diese Befugnis der Gemeinde tritt nicht ein, sofern das Mitglied nicht nur als solches, sondern außerdem auch noch aus anderem Grunde gemeindeeinkommensteuerpflichtig ist (AusfAnw. Art. 43 Nr. 3).

Vierter Titel. Naturaldienste.

§ 68. Die Steuerpflichtigen können durch Gemeindebeschluß zu Naturaldiensten (Hand- und Spanndiensten) herangezogen werden.

Spanndienste sind von den Grundbesitzern nach dem Verhältniß der Anzahl der Zugthiere, welche die Bewirthschaftung ihres im Gemeindebezirk belegenen Grundbesitzes erfordert, Handdienste von sämmtlichen Steuerpflichtigen gleichheitlich zu leisten. Ob und inwieweit hierbei den gespannhaltenden Grundbesitzern die ihnen obliegenden Spanndienste auf das Maß der auf sie entfallenden Handdienste anzurechnen sind, bestimmt sich nach den hierüber getroffenen vertragsmäßigen oder statutarischen Festsetzungen oder dem Herkommen. Im Zweifelsfalle wird vermuthet, daß die gespannhaltenden Grundbesitzer nur bei solchen Arbeiten, bei welchen zugleich Spanndienste vorkommen, von den Handdiensten befreit sind. Abweichungen von diesen Bestimmungen, insbesondere die Heranziehung von anderen gespannhaltenden Steuerpflichtigen zu Spanndiensten, bedürfen der Genehmigung.

Die Gemeinde kann gestatten, daß an Stelle des Naturaldienstes ein angemessener Geldbeitrag geleistet wird.

Die Dienste können mit Ausnahme von Nothfällen durch taugliche Stellvertreter abgeleistet werden.

Die gemäß § 38 dieses Gesetzes von den Gemeindeabgaben ganz oder theilweise freigelassenen Steuerpflichtigen können nach Maßgabe der Bestimmung des Absatzes 2 zu Naturaldiensten herangezogen werden.

Die in Paragraphen 40, 41, 42 aufgeführten Personen sind von Naturaldiensten, soweit diese nicht auf den ihnen gehörigen Grundstücken lasten, befreit; untere Kirchendiener insoweit, als ihnen diese Befreiung seither rechtsgültig zustand.

Zu Abs. 1: Die Steuerpflichtigen! Also auch Forensen, juristische Personen ꝛc. (AusfAnw. Art. 44 Abs. 1). Nach Nöll auch nichtsteuerpflichtige eingetragene Genossenschaften (§ 33 Nr. 3), die Grundbesitz in der Gemeinde haben und Grundsteuer zahlen. — Der die Leistung der Hand- und Spanndienste regelnde GemBeschluß hat die Bedeutung einer statutarischen Anordnung, deren Genehmigung sich nach den entsprechenden gemeindeverfassungsrechtlichen Vorschriften richtet. Beim Inkrafttreten des KAG. geltend gewesene Ordnungen bleiben, auch wenn sie den Vorschriften des § 68 KAG. nicht entsprechen, bis zur Abänderung durch gültigen GemBeschluß oder Anordnung der Aufsichtsbehörde (§ 96) bestehen (AusfAnw. Art 44 Nr. 2 u. 4).

Zu Abs. 2: Bei verpachtetem Grundbesitze hat der Verpächter der Gemeinde gegenüber für die Leistung der Spanndienste einzutreten (a. a. O. Nr. 1 Abs. 2). — Handdienste sind alle Leistungen (d. h. fungibelen Verrichtungen, OVG. 18. 3. 90, Bd. 19 S. 76), die nicht mit Zugtieren zu leisten sind, also auch Botendienste (AusfAnw. Art. 44 Nr. 1 Abs. 2) und Nachtwachen, OVG. 17. 12. 97 (PrVBl. XIX S. 399) u. 5. 12. 99 (PrVBl. XXI S. 305), nicht aber Dienste, welche eine kunst- und handwerksmäßige Ausbildung erfordern (OVG. 18. 3. 90, Bd. 19 S. 76). Naturalleistungen gehören nicht zu den Naturaldiensten. OVG. 25. 5. 98 (PrVBl. XIX S. 501), 28. 10. 98 (Bd. 34 S. 173), 17. 5. 01 (PrVBl. XXIII S. 118).

Zu Abs. 6: Vgl. § 4 Abs. 4 StO. S. 6 u. die Anmerk. hierzu. — Auch die vorschriftsmäßig zu haltenden Postpferde sind (wie die Postillone) nach § 22 Reichspost-G. 28. 10. 71 von Spanndiensten befreit.

S. auch § 90 Abs. 2.

Fünfter Titel. **Rechtsmittel.**

§ 69. Dem Abgabepflichtigen steht gegen die Heranziehung (Veranlagung) zu Gebühren, Beiträgen, Steuern und Naturaldiensten der Einspruch zu. Das Rechtsmittel ist binnen einer Frist von 4 Wochen bei dem Gemeindevorstande einzulegen.

Der Lauf der Frist beginnt:

1. soweit die Bekanntmachung durch Auslegung der Hebelisten erfolgt ist, mit dem ersten Tage nach Ablauf der Auslegungsfrist;
2. soweit eine besondere Mittheilung vorgeschrieben ist, mit dem ersten Tage nach erfolgter Mittheilung;
3. in allen übrigen Fällen mit dem ersten Tage nach der Aufforderung zur Zahlung beziehungsweise Leistung.

Einsprüche, welche sich gegen den der Veranlagung zu Grunde liegenden Staatssteuersatz (§§ 26, 30, 36, 38) und bei besonderen Gemeindeeinkommensteuern (§ 37) gegen die Höhe des zur Staatseinkommensteuer veranlagten Einkommens richten, sind unzulässig.

Vorstehende Bestimmungen finden sinngemäße Anwendung auf Einsprüche wegen Heranziehung oder Veranlagung von Grundbesitzern, Gewerbetreibenden und Einwohnern eines Gutsbezirks zu den öffentlichen Lasten desselben.

Zu Abs. 1: Auch die nach § 15 BaufluchtlinienG. 2. 7. 75 zu leistenden Anliegerbeiträge gehören hierher (AusfAnw. Art. 45 Nr. 1), jedoch nicht die Bürgerrechts-, Einkaufsgelder und gleichartigen Abgaben (s. § 96 Abs. 7), die Heranziehung zur Quartierleistung nach Maßgabe des RG. 13. 2. 75 und 25. 6. 68 (§ 6, s. auch § 51 ZG. und die Steuer vom Wanderlagerbetriebe nach § 11 G. 27. 2. 80. — Eine Heranziehung (Veranlagung) zu den Gemeindelasten hat schon stattgefunden, wenn, gleichviel in welcher Form, ein bestimmter Steuerbetrag gefordert worden ist (OVG. 6. 11. 94, PVBl. Bd. XVI S. 256). — Nach OVG. 1. 2. 79, Bd. 5 S. 87 fällt unter die Veranlagung zu den Gemeindelasten nicht nur die Bestimmung des Maßes, sondern auch der Art und Weise, wie die Last zu tragen ist, und namentlich der Zeit, wann die Leistung zu erfolgen hat. — Der Einspruch kann nicht im voraus gegen eine erst in der Zukunft erwartete Heranziehung gerichtet werden (OVG. 16. 11. 94, PVBl. Bd. XVI S. 246), auch ist die Anmeldung eines Einspruches (der übrigens an eine bestimmte Form nicht gebunden ist), dessen Begründung und Präzisierung vorbehalten bleibt, unstatthaft (OVG. 9. 1. 94, Bd. 26 S. 1). Ein abschlägiger Bescheid auf ein Gesuch um Gewährung eines Freischeines bei der Hundesteuer unter Verweisung auf einen gegen die Verfügung zustehenden Einspruch ist keine Heranziehung. OVG. 7. 10. 02 i. S. Meuter wider Berlin. — Mündliche Einsprüche sind, da die schriftliche Form nicht ausdrücklich vorgeschrieben, zwar zulässig, jedoch ist der Gem.-Vorsteher zu deren Annahme nicht verpflichtet. Hat er sich aber darauf eingelassen und einen sachlichen Bescheid erteilt, so kann er den Einwand des Mangels einer schriftlichen Reklamation gegen die Klage nicht erheben (OVG. 20. 11. 80, Bd. 7 S. 147). — Einsprüche gegen die Gebührenforderung der Amtsbezirke u. s. w. (§ 6 KAG.) sollen, wie im PVBl. Bd. XVI S. 214 ausgeführt ist, bei dem Amtsvorsteher ꝛc. anzubringen sein. —

Die Innehaltung der Einspruchsfrist ist von den Verwaltungsgerichten von Amtswegen zu prüfen. — Wiedereinsetzung in den vorigen Stand ist gegeben, wenn trotz versäumter Einspruchsfrist die Zurückweisung aus sachlichen Gründen erfolgt. OVG. 21. 3. 99 (Bd. 35 S. 135—138). — Die unbefristete Beschwerde aus § 18 ZG. ist durch § 69 nicht beseitigt. Sie setzt bei Veränderung der Verhältnisse des Steuerzahlers die Anerkennung der Richtigkeit der ursprünglichen Veranlagung voraus. OVG. 16. 6. 94 (Bd. 26 S. 61), 20. 2. 97 (Bd. 31 S. 39).

Zu Abs. 2 Nr. 1: Die öffentliche Bekanntmachung der Offenlegung der Heberolle kann rechtliche Wirkungen nicht gegen jeden beliebigen dritten erzeugen, sondern nur gegen diejenigen, die durch das Gemeinderecht gebunden sind und der Gemeinde vermöge ihres Wohnsitzes, Grundbesitzes oder Erwerbes angehören (OVG. 6. 6. 83, Bd. 10 S. 82).

Zu Abs. 2 Nr. 2: Wo die Veranlagung mittels bekannt gemachter Heberolle erfolgt, beginnt für die Gem.-Angehörigen die Einspruchsfrist mit dem auf den letzten Tag der Offenlegung der Rolle und nicht erst mit dem auf den Tag der Zustellung einer etwa nebenhergehenden besonderen Benachrichtigung folgenden Tage" (OVG. 17. 10. 94, Bd. 27 S. 41).

Zu Abs. 3: Im Einspruchsverfahren kann also die staatliche Veranlagung nicht angefochten werden, sondern nur mit den gegen die Staatssteuer gegebenen Rechtsmitteln. § 3 Aufh. G. 14. 7. 93.

§ 70. Ueber den Einspruch beschließt der Gemeindevorstand.

Gegen den Beschluß steht dem Pflichtigen binnen einer, mit dem ersten Tage nach erfolgter Zustellung beginnenden Frist von zwei Wochen die Klage im Verwaltungsstreitverfahren offen. Zuständig in erster Instanz ist für Landgemeinden (Gutsbezirke) der Kreisausschuß, für Stadtgemeinden der Bezirksausschuß. Der Gemeindevorstand kann zur Wahrnehmung der Rechte der Gemeinde einen besonderen Vertreter bestellen. Gegen die Entscheidung des Bezirksausschusses bei Stadtgemeinden ist nur das Rechtsmittel der Revision zulässig.

Der Entscheidung im Verwaltungsstreitverfahren unterliegen desgleichen Streitigkeiten zwischen Betheiligten über ihre dem öffentlichen Rechte begründete Verpflichtung zu den im § 69 Absatz 1 bezeichneten Lasten.

Zu Abs. 1: Auch wenn die Veranlagung durch einen Steuerausschuß erfolgt war (AusfAnw. Art. 45 Nr. 2 Abs. 1). Die Verwaltungsdeputationen sind aber befugt, innerhalb der ihnen überwiesenen Geschäftszweige an Stelle des Gemeindevorstandes über Einsprüche gegen die Heranziehung zu Gemeindeabgaben zu beschließen, ohne daß es eines förmlichen Kollegialbeschlusses bedarf. OVG. 8. 12. 98 (Bd. 34 S. 84).

Zu Abs. 2: Der als solcher legitimierte Gem.-Vorstand bedarf einer Vollmacht zur Vertretung seiner Gemeinde nicht (§ 73 LVG.). — Für den besonderen Vertreter genügt eine Vollmacht des Gem.-Vorstandes.

§ 71. Ueber die Vertheilung gemeindesteuerpflichtiger Einkommen auf eine Mehrzahl steuerberechtigter (Wohnsitz-, Aufenthalts-, Belegenheits-, Betriebs-) Gemeinden gemäß den Vorschriften dieses Gesetzes (§§ 47 bis 51 in Verbindung mit §§ 33 und 52) beschließt auf Antrag des Steuerpflichtigen unter Zugrundelegung der Einschätzung der einzelnen Gemeinden der Kreisausschuß und, soweit die Stadt Berlin oder andere Stadtgemeinden in Betracht kommen, der Bezirksausschuß nach Anhörung sämmtlicher Betheiligten.

Der Antrag des Steuerpflichtigen, welcher binnen der Frist von 4 Wochen, vom Tage der Bekanntmachung der Steuer (§ 65) seitens der zweiten oder einer weiteren eine Steuerforderung erhebenden Gemeinde ab gerechnet, zu stellen ist, tritt an die Stelle des Einspruchs gegen die Heranziehung (Veranlagung) zu den bezüglichen Steuern in jeder einzelnen der betheiligten Gemeinden (§ 69).

Der Kreis- (Bezirks-) Ausschuß hat nach verhandelter Sache den auf jede Gemeinde entfallenden Theil des steuerpflichtigen Einkommens und den von demselben zu entrichtenden Steuerbetrag festzusetzen.

Zutreffenfalls kommen die Bestimmungen des § 58 des Gesetzes über die allgemeine Landesverwaltung vom 30. Juli 1883 dahin zur Anwendung, daß auch in den Fällen, in welchen die Stadt Berlin betheiligt ist, der Minister des Innern den Bezirksausschuß bestimmt, welcher zu beschließen hat.

Zu Abs. 1: Voraussetzung des Verteilungsverfahrens ist die Heranziehung in mindestens 2 Gemeinden; das Verfahren findet nicht statt, wenn der zweite Wohnsitz ein Gutsbezirk ist, oder wenn von zwei Gemeinden die eine bei unterlassener Abmeldung noch weiter besteuert. OVG. 9. 2. 00 (Bd. 37 S. 85). In den Gesetzesmaterialien ist es nicht begründet, von den Wirkungen des Verteilungsverfahrens die Fälle auszuschließen, welche durch Einspruch angefochten waren, jedoch nach Erlaß eines, den Einspruch abweisenden Beschlusses des Gemeindevorstandes, wegen Ablaufes der Klagefrist z. Z. der Erhebung des Verteilungsantrages nicht mehr den Gegenstand eines Verwaltungsstreitverfahrens bilden konnten. OVG. 5. 12. 02; S. Dukas wider Breslau und Striegau. Die Grundsätze der Entscheid. Bd. 31 S. 25 u. PrVBl. XXI S. 365 sind also verlassen. — Art. 45 AusfAnw. Nr. 3 b bestimmt, daß über den Antrag zwar unter Zugrundelegung der Einschätzung des Steuerpflichtigen seitens der Gemeinde zu beschließen ist, daß indessen die Angemessenheit dieser Einschätzung überall der Beurteilung der Beschlußbehörde unterliegt und keineswegs etwa nur eine verhältnismäßige Ermäßigung der Einschätzungen der einzelnen Gemeinden bis zum Betrage des steuerpflichtigen Gesamteinkommens zulässig sein soll.

Zu Abs. 2: Der Einspruch ist rechtzeitig angebracht, sobald er fristzeitig bei einer der Gemeinden, deren Heranziehung noch nicht rechtskräftig erledigt ist, bei der zuständigen Beschlußbehörde, oder im Falle des Abs. 4 bei der, zur Bestimmung der Beschlußbehörde zuständigen Stelle gestellt ist. OVG. 6. 3. 97 (Bd. 31 S. 26). Der Verteilungsantrag ist auch dann zulässig, wenn dem Zensiten eine förmliche Mitteilung gemäß § 65 Abs. 2 seitens der zweiten Gemeinde nicht zugegangen ist, er vielmehr von der Heranziehung zur forensalen ESt. dadurch Kenntnis erhalten hat, daß die Umlage in der ortsüblichen Weise (durch öffentliche Auslegung der Hebeliste) bekannt gemacht worden ist. OVG. 26. 9. 02 i. S. Noelte wider Berlin und Niederfinow. — Sobald von einem Zensiten das Verteilungsverfahren an richtiger Stelle beantragt ist, sind die Kommunalbehörden zum Erlaß von Bescheiden auf die bei ihnen angebrachten Einsprüche nicht mehr zuständig. OVG. 4. 3. 02 (PrVBl. XXIV S. 71). Auch die schwebende Verwaltungsklage ist einzustellen. OVG. 9. 1. 97 (Bd. 31 S. 22).

Zu Abs. 3: Die von einem, in mehreren Gemeinden zur Gemeindesteuer Veranlagten gegen eine dieser Gemeinden erstrittene Entscheidung erlangt keinerlei Gültigkeit gegen die übrigen Gemeinden. Das Besteuerungsrecht dieser Gemeinden ist vielmehr durchaus unabhängig davon, in welcher Weise andere Gemeinden von ihrem ebenfalls selbständig dastehenden Rechte Gebrauch machen können oder wollen (OVG. 17. 5. 87, Bd. 15 S. 72, vgl. auch §§ 73 f. KAG.). — Eine Erhöhung des Steuerbetrages über den durch eine Heranziehung geforderten Betrag ist im Verteilungsverfahren ausgeschlossen. OVG. 3. 12. 96 (Bd. 32 S. 11) 26. 6. 97 (PrVBl. XIX S. 59).

Zu Abs. 4: Es kann ein Kreis- oder Bezirksausschuß bestimmt werden, welcher für keine der betheiligten Gemeinden an sich örtlich zuständig ist (AusfAnw. Art. 45 Nr. 3d). — Gegen die Überlastung der Bezirksausschüsse richtet sich V. 29. 6. 01 (MBl. S. 193). Auch zur Vermeidung unerwünschter Belästigung der Einkommensteuerpflichtigen wird den Gemeinden sorgfältige Prüfung der Mitwirkung anderer Gemeinden zur Pflicht gemacht und empfohlen, mit einander ins Benehmen zu treten.

§ 72. Gegen den Beschluß des Kreis- (Bezirks-) Ausschusses findet binnen einer Frist von 2 Wochen der Antrag auf mündliche Verhandlung im Verwaltungsstreitverfahren statt. In den Fällen, in welchen der § 58 a. a. O. zur Anwendung kommt, ist für das Verwaltungsstreitverfahren derjenige Kreis- (Bezirks-) Ausschuß zuständig, welcher in Ansehung des Beschlußverfahrens für zuständig erklärt worden war.

Der Antrag auf mündliche Verhandlung im Verwaltungsstreitverfahren steht sowohl dem Steuerpflichtigen, als auch einer jeden Gemeinde zu, auf deren Steuerforderung sich der Beschluß erstreckt, und richtet sich gegen sämmtliche Betheiligte, deren Theilverhältniß durch den von dem Kläger verfolgten Anspruch berührt wird.

§ 73. Wird während schwebenden Beschluß- oder Verwaltungsstreitverfahrens eine weitere Forderung auf Zahlung von Gemeindesteuern in Ansehung des dem Verfahren unterliegenden Einkommens erhoben, so hat der Steuerpflichtige binnen der Frist von vier Wochen, vom Tage der Bekanntmachung der bezüglichen Steuerforderung (§ 65) ab gerechnet, deren Einbeziehung in das schwebende Verfahren bei derjenigen Behörde zu beantragen, bei welcher die Sache anhängig ist. In diesem Verfahren ist alsdann gleichzeitig auch über die später erhobene Steuerforderung zu beschließen oder zu entscheiden.

§ 74. Wird nach rechtskräftig entschiedener Sache eine weitere Steuerforderung in Ansehung des Einkommens erhoben, welches den Gegenstand des früheren Verfahrens gebildet hat, so finden die vorstehenden Bestimmungen (§§ 71 bis 73) sinngemäße Anwendung mit der Maßgabe, daß derjenige Kreis- (Bezirks-) Ausschuß, welcher in dem ersten Verfahren beschlossen und entschieden hat, auch für das zweite Verfahren zuständig ist, und daß das rechtskräftig festgesetzte Antheilsverhältniß der bei dem ersten Verfahren betheiligt gewesenen Gemeinden in dem zweiten Verfahren nicht mehr geändert, in dem letzteren vielmehr nur noch darüber beschlossen und entschieden werden kann, welchen Betrag die früher aufgetretenen Steuergläubiger dem später aufgetretenen nach dem durch das rechtskräftige Urtheil für die festgesetzten Antheilsverhältnisse zu erstatten haben.

§ 75. Durch Einspruch und Klage wird die Verpflichtung zur Zahlung oder Leistung nicht aufgeschoben.

Durch Nichtzahlung oder Nichtleistung entstandene Beitreibungskosten sind daher auch im Falle des Obsiegens des Veranlagten nicht zu erstatten (OVG. 9. 2, 80, Bd. 6 S. 135); ebensowenig ist ein Anspruch auf Prozeß-(Verzugs-)zinsen gerechtfertigt (OVG. 4. 4. 81, Bd. 8 S. 22).

§ 76. Gegen die Feststellung des Gesammtsteuersatzes für einen Gewerbebetrieb, der sich über mehrere Gemeinden erstreckt und nicht zur Staatsgewerbesteuer, aber gemäß § 28 Nr. 2 bis 6 zur Gemeindegewerbesteuer herangezogen wird (§ 32), finden dieselben Rechtsmittel statt, die im Falle der Veranlagung dieses Betriebes zur Staatsgewerbesteuer gegeben sein würden (§§ 35 bis 37 des Gewerbesteuergesetzes vom 24. Juni 1891).

Desgleichen finden auch in diesem Falle hinsichtlich der Zerlegung des Steuersatzes in die auf die einzelnen Betriebsorte entfallenen Theilbeträge die im § 38 a. a. O. wegen der Rechtsmittel getroffenen Vorschriften Anwendung.

Sechster Titel. **Aufsicht.**

§ 77. Für die Ertheilung der in diesem Gesetze vorbehaltenen Genehmigungen ist nach Maßgabe der folgenden Bestimmungen bei Stadtgemeinden der Bezirksausschuß[1]), bei Landgemeinden der Kreisausschuß zuständig.

Gegen den auf Beschwerde ergehenden Beschluß — bei Stadtgemeinden des Provinzialraths, bei Landgemeinden des Bezirksausschusses — steht dem Vorsitzenden dieser Behörde aus Gründen des öffentlichen Interesses die Einlegung der weiteren Beschwerde an die Minister des Innern und der Finanzen zu. Hierbei finden die Bestimmungen des § 123 des Gesetzes über die allgemeine Landesverwaltung vom 30. Juli 1883 Anwendung.

Die Genehmigung von Gemeindebeschlüssen, durch welche

a) besondere direkte oder indirekte Gemeindesteuern neu eingeführt oder in ihren Grundsätzen verändert,
b) Abweichungen von den im § 54 vorgeschriebenen Vertheilungsregeln,
c) Zuschläge über den vollen Satz der Staatseinkommensteuer hinaus (§ 55) angeordnet werden,

bedarf der Zustimmung der Minister des Innern und der Finanzen. Den

---

[1]) In Berlin der Oberpräsident (AusfAnw. Art. 46 I und §§ 41 ff. LVG).

Ministern ist gestattet, die Ertheilung der Zustimmung auf die ihnen untergeordneten Aufsichtsbehörden höherer Instanz zu übertragen.

Die Ertheilung der Genehmigung kann auf eine von vornherein zu bestimmende Frist von einem oder mehreren Jahren beschränkt werden.

Zu Abs. 1: Bei Einführung besonderer Gewerbesteuern, durch die nur wenige oder auch nur einige Pflichtige, diese jedoch in erheblichem Maße getroffen werden, wird es sich mitunter empfehlen, wenn Zweifel hinsichtlich der Angemessenheit der beschlossenen Steuer oder der Steuersätze derselben bestehen, die Pflichtigen vor der Genehmigung der Steuerordnung bezw. vor der Zustimmung zu der erteilten Genehmigung zur Äußerung über die Steuer binnen einer kurzen Frist aufzufordern (MR. 30. 1. 95, MBl. S. 35).

Zu Abs. 3a, b, c: Die früher schon übertragene Zustimmung zur Genehmigung ist durch MR. 3. 12. 00 (MBl. 01 S. 5) für Stadtgemeinden mit nicht mehr als 10000 Einwohnern dem Oberpräsidenten und für Landgem. dem Regierungspräsidenten belassen. Darüber hinaus erteilt der Oberpräsident auch die Zustimmung zur Genehmigung für Städte mit mehr als 10000 Einwohnern, wenn es sich um Einführung oder Veränderung von Umsatzsteuern, Lustbarkeits-, Hunde-, Bier-, Wildpret- und Geflügelsteuern handelt. In den letztgedachten Fällen kann die Zustimmung ohne Zeitbeschränkung erfolgen. Das Reskript ordnet insbesondere noch ein Vorverfahren an, das der Erteilung der Zustimmung vorherzugehen hat: bei Einführung einer neuen, oder grundsätzlicher Veränderung bestehender Steuern, wenn die betreffende Steuerordnung wesentlich von einem amtlichen Muster abweicht (Vorlegung an beide Minister), sowie bei Einführung von Umsatzsteuern oder den reichsgesetzlichen Beschränkungen unterliegenden Verbrauchssteuern, wenn die Steuerordnung nicht dem geltenden Muster entspricht (Mitteilung zunächst an den Provinzialsteuerdirektor).

Zu Abs. 3a: Nach Nöll bezieht sich das Wort „besondere" nur auf direkte, nicht auch auf indirekte Steuern, so daß jede Neueinführung oder grundsätzliche Veränderung einer indirekten Steuer der Zustimmung bedarf.

Zu Abs. 3b, c: Die Notwendigkeit der Genehmigung und Zustimmung fällt (natürlich) fort, wenn die Gemeinde einen Beschluß über die Verteilung des Steuerbedarfs nach § 59 KAG. nicht gefaßt hat und infolgedessen die Steuern in dem in diesem § bestimmten Verhältnisse erhoben werden (AusfAnw. Art. 46 II 1 Abs. 2).

Zu Abs. 4: Die Erteilung von Genehmigungen auf Widerruf ist ausgeschlossen (a. a. O. Nr. 3 Abs. 3).

§ 78. Bestehen bei dem Inkrafttreten des Gesetzes in einzelnen Gemeinden Ordnungen über die Aufbringung von Gebühren, Beiträgen, indirekten, direkten Steuern oder Diensten, welche den Vorschriften dieses Gesetzes zuwiderlaufen, oder werden derartige Gemeindebeschlüsse gefaßt, so ist die Aufsichtsbehörde befugt, deren Abänderung oder Ergänzung unter Angabe der Gründe anzuordnen.

Dieselbe Befugniß steht der Aufsichtsbehörde zu, wenn die Abstufungen des Grundbesitzes, nach welchen die Steuer umgelegt wird (§ 25), wegen wesentlicher Veränderungen der Besitzverhältnisse zur Grundlage der Besteuerung nicht mehr geeignet sind und ein Antrag auf Abänderung oder Ergänzung von der Mehrheit der einer Abstufung angehörigen Steuerpflichtigen gestellt wird.

Die Einführung neuer und die Erhöhung bestehender indirekter Steuern darf nicht angeordnet werden.

Gegen die Anordnung findet innerhalb vier Wochen nach Ablauf der in derselben gestellten Frist die Klage im Verwaltungsstreitverfahren, für Landgemeinden bei dem Bezirksausschusse, für Stadtgemeinden bei dem Oberverwaltungsgerichte statt.

Wird die Klage innerhalb dieser Frist nicht erhoben, so ist die Aufsichtsbehörde befugt, die in Ansehung der Aufbringung der Gebühren Beiträge, indirekten, direkter Steuern oder Dienste erforderliche Ordnung auf Grundlage der erlassenen Verfügung selbst festzustellen. Das Gleiche gilt für den Fall der rechtskräftigen Abweisung der Klage. Wird die Klage endgültig für begründet erkannt, so tritt die Anordnung außer Kraft.

Sofern das öffentliche Interesse es erheischt, beschließt im Falle der Erhebung der Klage über die vorläufige Ordnung des Steuerwesens bis zur rechtskräftigen Entscheidung für Landgemeinden der Kreisausschuß, für Stadtgemeinden der Bezirksausschuß.

Zu Abs. 1: Unter „Ordnungen" sind hier auch Regulative, Statuten, Beschlüsse, Observanzen ꝛc. zu verstehen. Vgl. auch § 96 Abs. 2 nnd 4. Die Befugnis erstreckt sich nur auf Vorschriften nicht auch auf aus denselben zu folgernde Besteuerungsgrundsätze: sie bezieht sich aber auch auf künftige Gemeindebeschlüsse, soweit für solche eine Genehmigung nicht erforderlich ist (AusfAnw. Art. 47 Nr. 1, 2, 4).

Siebenter Titel. **Strafen.**

§ 79. Wer in der Absicht der Steuerhinterziehung an zuständiger Stelle auf die an ihn gerichteten Fragen oder bei der Begründung eines Einspruchs unrichtige oder unvollständige Angaben macht, wird mit dem vier- bis zehnfachen Betrage der stattgehabten oder beabsichtigten Verkürzung, mindestens aber mit einer Geldstrafe von einhundert Mark bestraft.

Ist eine unrichtige oder unvollständige Angabe, welche geeignet ist, eine Verkürzung der Steuer herbeizuführen, zwar wissentlich, aber nicht in der Absicht der Steuerhinterziehung erfolgt, so tritt Geldstrafe von drei bis einhundert Mark ein.

Straffrei bleibt, wer seine unrichtige oder unvollständige Angabe, bevor Anzeige erfolgt oder eine Untersuchung eingeleitet ist, an zuständiger Stelle berichtigt oder ergänzt und die vorenthaltene Steuer in der ihm gesetzten Frist entrichtet.

Zu Abs. 3: Die Untersuchung gilt als eingeleitet, sobald die Ermittelungen darüber begonnen haben, ob die gemachten Angaben richtig und vollständig sind. Der GemVorstand ist, wenn ein Fall der Strafbarkeit eingetreten, befugt, die Geldstrafe vorläufig festzusetzen und den Beschuldigten zur Einzahlung der Strafe nebst den durch das Verfahren entstandenen Kosten — d. h. wohl nur baren Auslagen — an die GemKasse binnen einer Frist aufzufordern. Diese vorläufige Festsetzung ist ausgeschlossen, wenn der Beschuldigte in Preußen keinen Wohnsitz oder auf die vorläufige Festsetzung der Geldstrafe verzichtet hat (vgl. § 81 Abs. 3). In beiden Fällen, ferner wenn Strafe und Kosten fristzeitig nicht gezahlt sind oder der GemVorstand von der vorläufigen Festsetzung der Strafe Abstand zu nehmen erklärt, sind die Verhandlungen von dem GemVorstande an die Staatsanwaltschaft des nach § 27 Nr 1 u. 2 und § 75 Nr. 15 Gerichtsverfassungs-G. bezw. §§ 7 ff. Strafprozeß-O. zuständigen Gerichts zur Untersuchung und Entscheidung abzugeben. Die Beitreibung der vorläufig festgesetzten Strafe im Verwaltungszwangsverfahren ist unstatthaft (AusfAnw. Art. 48).

§ 80. Der Gemeindevorstand beziehungsweise die Mitglieder des Gemeindevorstandes, die Mitglieder der Steuerausschüsse, sowie die bei der Veranlagung betheiligten Gemeindebeamten werden, wenn sie die zu ihrer Kenntniß gelangten Erwerbs-, Vermögens- oder Einkommensverhältnisse eines Steuerpflichtigen, insbesondere auch den Inhalt einer Auskunftsertheilung (§ 63) oder der darüber gepflogenen Verhandlungen unbefugt offenbaren, mit Geldstrafe bis zu eintausendfünfhundert Mark oder mit Gefängniß bis zu drei Monaten bestraft.

Die Verfolgung findet nur auf Antrag des Gemeindevorstandes oder des Steuerpflichtigen beziehungsweise dessen Vertreters statt. Ist das Vergehen von dem Gemeindevorstande oder von Mitgliedern des Gemeindevorstandes begangen, so ist auch die Aufsichtsbehörde zur Stellung des Antrages berechtigt.

Zu Abs. 2: Der Antrag ist binnen drei Monaten nach erhaltener Kenntnis von der Handlung und Person des Täters bei der Staatsanwaltschaft des zuständigen Landgerichts zu stellen (AusfAnw. Art. 49 Abs. 2).

§ 81. Die auf Grund der §§ 79 und 80 festgesetzten, aber unbeitreiblichen Geldstrafen sind nach Maßgabe der für Uebertretungen geltenden Bestimmungen der §§ 28 und 29 des Strafgesetzbuches für das Deutsche Reich in Haft umzuwandeln.

Die Untersuchung und Entscheidung in Betreff der im § 79 bezeichneten strafbaren Handlungen steht dem Gerichte zu, wenn nicht der Beschuldigte die von dem Gemeindevorstande vorläufig festgesetzte Geldstrafe nebst den durch das Verfahren gegen ihn entstandenen Kosten binnen einer ihm bekannt gemachten Frist freiwillig an die Gemeindekasse zahlt.

Hat der Beschuldigte in Preußen keinen Wohnsitz, so erfolgt das Einschreiten des Gerichts ohne vorläufige Festsetzung der Strafe durch den Gemeindevorstand. Dasselbe findet statt, wenn der Gemeindevorstand aus sonstigen Gründen von der vorläufigen Festsetzung der Strafe Abstand zu nehmen erklärt oder der Angeschuldigte hierauf verzichtet.

Bei Zuwiderhandlungen wegen der Verpflichtung zur Geheimhaltung (§ 80) findet nur das gerichtliche Strafverfahren statt.

§ 82. In den Steuerordnungen können Strafen wegen Zuwiderhandlungen bis zur Höhe von dreißig Mark angedroht werden.

Die Strafen sind durch den Gemeindevorstand festzusetzen und nach eingetretener Rechtskraft (§ 459 der Strafprozeßordnung vom 1. Februar 1877, Reichs-Gesetzbl. S. 253) im Verwaltungszwangsverfahren beizutreiben.

Zu Abs. 1: Der Strafbescheid muß (cfr. §§ 459 f. Strafproz.-O.) die strafbare Handlung, das angewendete Strafgesetz und die Beweismittel bezeichnen, auch die Eröffnung enthalten, daß der Beschuldigte, sofern er nicht eine nach den Gesetzen zugelassene Beschwerde (§§ 7 u. 24 ZG. u. § 139 LVG.) an die höhere VerwaltBehörde einlegt, binnen einer Woche nach der Bekanntmachung bei der VerwaltBehörde, welche denselben erlassen oder ihn bekannt gemacht hat, auf gerichtliche Entscheidung antragen könne. Wird auf gerichtliche Entscheidung angetragen, so sind die Akten, falls der Strafbescheid nicht zurückgezogen wird, an die zuständige Staatsanwaltschaft zu übersenden (AusfAnw. Art. 50 Abs. 2 u. 3). — Die Steuerordnungen können bestimmen, daß die festzusetzende Strafe in die Gemeindekasse fließt.

Achter Titel. Nachforderungen und Verjährungen.

§ 83. Die Einziehung hinterzogener direkter Steuern (§ 79) zur Gemeindekasse erfolgt neben und unabhängig von der Strafe.

Die Verbindlichkeit zur Nachzahlung der Steuer verjährt in zehn Jahren und geht auf die Erben, jedoch für diese mit einer Verjährungsfrist von fünf Jahren und nur auf Höhe ihres Erbantheils, über. Die Verjährung beginnt mit Ablauf des Rechnungsjahres, in welchem die Hinterziehung begangen wurde.

Die Festsetzung der Nachsteuer steht dem Gemeindevorstande zu, gegen dessen Beschluß nach Maßgabe der §§ 69, 70 der Einspruch und die Klage im Verwaltungsstreitverfahren zulässig sind.

§ 84. Steuerpflichtige, welche entgegen den Vorschriften dieses Gesetzes oder der auf Grund desselben erlassenen Steuerordnungen bei der Veranlagung direkter Gemeindesteuern übergangen oder steuerfrei geblieben sind, ohne daß eine strafbare Hinterziehung der Steuer stattgefunden hat (§§ 79, 83), sind zur Entrichtung des der Gemeindekasse entzogenen Betrages verpflichtet. Die Verpflichtung erstreckt sich auf die drei Rechnungsjahre zurück, welche dem Rechnungsjahre, in dem die Verkürzung festgestellt worden, vorausgegangen sind.

Die Verpflichtung zur Zahlung der Nachsteuer geht auf die Erben, jedoch nur bis zur Höhe ihres Erbantheils über.

Die Veranlagung der Nachsteuer erfolgt einheitlich für den ganzen Zeitraum, auf welchen sich die Verpflichtung erstreckt, nach den Vorschriften dieses Gesetzes oder der maßgebenden Steuerordnungen.

Zu Abs. 1: Nach der AusfAnw. Art. 52 Nr. 1 Abs. 2 ist entgegen den Vorschriften des Gesetzes 2c. beispielsweise auch der steuerfrei geblieben, welcher zwar in die Steuerliste aufgenommen, jedoch aus unzutreffendem Grunde steuerfrei veranlagt worden ist.

§ 85. Ist nach den Bestimmungen der §§ 67, 80 des Einkommensteuergesetzes vom 24. Juni 1891 eine Nachsteuer für den Staat festgesetzt, so haben die zur Entrichtung der Nachsteuer Verpflichteten gemäß den hierfür geltenden Vorschriften die entsprechenden Zuschläge an die Gemeinde nachzuzahlen.

Die Festsetzung der nachträglich zu entrichtenden Zuschläge geschieht durch den Gemeindevorstand einheitlich für den ganzen Zeitraum, auf welchen sich die Verpflichtung erstreckt, nach den Vorschriften dieses Gesetzes oder der maßgebenden Steuerordnungen.

§ 86. Hat in Folge der Einlegung von Rechtsmitteln oder einer anderweiten Veranlagung (§ 57 des Einkommensteuergesetzes vom 24. Juni 1891) eine Erhöhung der ursprünglich vom Staate veranlagten Steuer stattgefunden (§ 30 Abs. 2, § 36 Abs. 3), so kann die hieraus entspringende Nachforderung der Gemeinde nur innerhalb der Frist von einem Jahre, welche mit dem Tage der ergangenen endgültigen Entscheidung über die Erhöhung der Steuer beginnt, erhoben werden.

§ 87. Die Berechtigung der Gemeinden zur Nachforderung anderer Gemeindeabgaben als direkter Steuern beschränkt sich ohne Unterscheidung, ob die Abgabe gar nicht oder mit einem zu geringen Betrage erhoben worden ist,

1. bei Verbrauchsabgaben auf die Frist eines Jahres, vom Tage des Eintritts der Zahlungsverpflichtung an gerechnet,
2. bei sonstigen indirekten Steuern, Gebühren und Beiträgen (§§ 4 bis 11), sowie bei Kosten auf die Frist von drei Jahren seit dem Ablaufe desjenigen Jahres, in welchem die Forderung entstanden ist.

Die Nachforderung von Naturaldiensten ist, sofern die Nachleistung nach den Zwecken der zu leistenden Dienste überhaupt noch möglich ist, auf die Dauer des laufenden Rechnungsjahres beschränkt.

Zu Nr. 2: Unter dem Jahre ist das Rechnungsjahr zu verstehen (AusfAnw. Art. 55).

§ 88. Zur Hebung gestellte Gemeindeabgaben und Kosten, welche im Rückstande verblieben oder befristet sind, verjähren in 4 Jahren, von dem Ablaufe des Jahres an gerechnet, in welches der Zahlungstermin fällt.

Die Verjährung wird durch eine an den Pflichtigen erlassene Zahlungsaufforderung, durch Verfügung der Zwangsvollstreckung und durch Stundung unterbrochen.

Nach Ablauf des Jahres, in welchem die letzte Aufforderung zugestellt, die Zwangsvollstreckung verfügt oder die bewilligte Frist abgelaufen ist, beginnt eine neue vierjährige Verjährungsfrist.

Zu Abs. 1: Auch hier das Rechnungsjahr (AusfAnw. Art. 56).

Neunter Titel. **Kosten und Zwangsvollstreckung.**

§ 89. Die Kosten der Veranlagung und Erhebung der Abgaben fallen, insoweit hierüber nicht durch § 14 des Gesetzes wegen Aufhebung direkter Staatssteuern anderweitige Bestimmung getroffen ist, der Gemeindekasse zur Last. Jedoch sind diejenigen Kosten, welche durch die gelegentlich eines Einspruches erfolgenden Ermittelungen veranlaßt werden, von dem Abgabepflichtigen zu erstatten, wenn sich seine Angaben in wesentlichen Punkten als unrichtig erweisen. Die Festsetzung dieser Kosten kann nur in der Entscheidung über den Einspruch erfolgen.

§ 90. Gebühren, Beiträge, Steuern und Kosten, sowie die nach einem von der Aufsichtsbehörde festgestellten Tarife erhobenen Vergütungen (Kurtaxen u. s. w.) unterliegen der Beitreibung im Verwaltungszwangsverfahren nach Maßgabe der Verordnung vom 15. November 1899 (GS. S. 545).

Sind Naturaldienste zu leisten, so ist der Gemeindevorstand bei Säumniß der Pflichtigen befugt, die Dienste durch Dritte leisten und die entstehenden Kosten von den Ersteren im Verwaltungszwangsverfahren beitreiben zu lassen.

Zu Abs. 2: Gegen die Zwangsvollstreckungshandlungen findet nur die Beschwerde bei der vorgesetzten Dienstbehörde, nicht das Verwaltungsstreitverfahren statt OVG. 25. 4. 02 (PrVBl. XXIV. S. 181).

Theil II. Kreis- und Provinzialsteuern.

§ 91. Die bestehenden Vorschriften über die Aufbringung der Kreis- und Provinzialsteuern bleiben mit folgenden Maßgaben unberührt:

1. Wie den Städten, bleibt auch den Landgemeinden die Beschlußfassung darüber vorbehalten, in welcher Weise ihre Antheile an den Kreissteuern aufgebracht werden sollen.
2. Bei der Vertheilung der Kreissteuern sind die Grund-, Gebäude- und die Gewerbesteuer der Klassen I und II in der Regel mit dem gleichen Betrage desjenigen Prozentsatzes heranzuziehen, mit welchem die Staatseinkommensteuer belastet wird.

   Mit Genehmigung des Bezirksausschusses kann der Betrag, mit welchem die Realsteuern heranzuziehen sind, bis auf das Anderthalbfache jenes Prozentsatzes erhöht oder bis auf die Hälfte desselben herabgesetzt werden.

Die zur Ausführung der vorstehenden Bestimmungen erforderlichen Beschlüsse der Kreistage und Bezirksausschüsse können bereits innerhalb eines Jahres vor dem Inkrafttreten des gegenwärtigen Gesetzes gefaßt werden. Mit dem bezeichneten Zeitpunkte treten Maßstäbe für die Vertheilung der Kreisabgaben, welche den Bestimmungen dieses Gesetzes nicht entsprechen oder die darnach erforderliche Genehmigung nicht erhalten haben, außer Kraft.

3. Die Mehr- oder Minderbelastung einzelner Kreistheile mit Kreissteuern und einzelner Kreise mit Provinzialsteuern darf auch nach einem anderen Maßstabe, als nach Quoten der Kreissteuern beziehungsweise der direkten Staatssteuern erfolgen.

4. Insoweit juristische Personen, Gesellschaften u. s. w. zur Entrichtung der in Kreisen oder Provinzen vom Einkommen zu erhebenden Steuern verpflichtet sind oder physische Personen in verschiedenen Kreisen beziehungsweise Provinzen solchen Steuern unterliegen, kommen bei Veranlagung der Pflichtigen die die Gemeindeeinkommensteuer betreffenden Vorschriften dieses Gesetzes sinnentsprechend zur Anwendung.

Die auf Grund der Einlegung von Rechtsmitteln erfolgte Erhöhung oder Ermäßigung der der Vertheilung von Kreis- und Provinzialsteuern zu Grunde gelegten Staatssteuersätze zieht die entsprechende Abänderung der Veranlagung zu den Kreis- beziehungsweise Provinzialsteuern nach sich.

Die die Heranziehung der Kreisforensen und Rechtspersönlichkeiten zu den Kreisabgaben betreffenden Abs. 1 u. 2 des § 14 der Kreis-O. sind durch G. 1. 4. 02 geändert worden.

§ 92. Die Vorschriften der §§ 51, 71 bis 74 finden bei der Kreis- und Provinzialbesteuerung mit nachstehenden Maßgaben sinnentsprechende Anwendung:

1. Ueber die Verteilung des dem Besteuerungsrechte mehrerer Kreise (Stadt- oder Landkreise) unterliegenden Einkommens beschließt der Bezirksausschuß.

   An Stelle der Frist von 4 Wochen tritt eine solche von 2 Monaten.

2. Ueber die Vertheilung des dem Besteuerungsrechte mehrerer Provinzen unterliegenden Einkommens beschließt — auch wenn die Stadt Berlin mit in Betracht kommt — derjenige Provinzialrath, welchen der Minister des Innern bestimmt.

   Gegen den Beschluß findet binnen 2 Wochen die Klage bei dem Oberverwaltungsgericht statt.

§ 93. Die Kreise sind befugt, das Halten von Hunden zu besteuern. Die Steuer darf jährlich 5 Mark für den Hund nicht übersteigen und ist durch Steuerordnung zu regeln. Auf die Steuerordnung finden die Vorschriften des § 82 mit der Maßgabe Anwendung, daß an die Stelle des Gemeindevorstandes der Kreisausschuß tritt.

Die Steuerordnung bedarf der Genehmigung des Bezirksausschusses. Die Genehmigung unterliegt der Zustimmung der Minister des Innern und der Finanzen. Den Ministern ist gestattet, die Ertheilung der Zustimmung auf den Oberpräsidenten zu übertragen.

Die Erhebung einer Hundesteuer seitens der Kreise berührt das Recht der Gemeinden zur Besteuerung der Hunde nicht (§ 16).

§ 93 hat durch G. 30. 7. 95 Art. 3 vorstehende Fassung erhalten.

Zu Abs. 2 Satz 3: Allgemein geschehen durch MR. 24. 3. 96, MBl. S. 65.

Schluß-, Ausführungs- und Uebergangsbestimmungen.

§ 94. Alle in dem gegenwärtigen Gesetze vorgeschriebenen Fristen sind Ausschlußfristen. Die Fristen beginnen, soweit in diesem Gesetze nichts Anderes bestimmt ist, mit der Zustellung des Beschlusses oder der sonstigen Anordnung. Der Tag der Zustellung wird nicht mitgerechnet. Im Uebrigen sind für den Beginn und die Berechnung der Fristen die bürgerlichen Prozeßgesetze maßgebend.

§ 95. Das Rechnungsjahr für den Gemeindehaushalt beginnt mit dem 1. April und schließt mit dem 31. März.

Der Beschlußfassung der Gemeindebehörden bleibt überlassen, an Stelle des Rechnungsjahres eine Periode von zwei oder drei Rechnungsjahren treten zu lassen.

Zu Abs. 2: Steht schon in der StO. § 66. — Unberührt bleiben die Vorschriften, wonach Gemeinden unter Umständen die Festsetzung eines Voranschlages erlassen werden kann und auch bei der Einführung mehrjähriger Rechnungsperioden über alle Einnahmen und Ausgaben alljährlich Rechnung zu legen ist (AusfAnw. Art. 61).

§ 96. Das gegenwärtige Gesetz tritt gleichzeitig mit dem Gesetze wegen Aufhebung direkter Staatssteuern in Kraft.

Die Gemeinden sind verpflichtet, die Ordnungen (Observanzen, Statuten, Regulative, Gemeindebeschlüsse u. s. w.) über die Aufbringung von Gebühren, Beiträgen, indirekten und direkten Steuern oder Diensten mit den Vorschriften dieses Gesetzes in Uebereinstimmung zu bringen.

Zu diesem Behufe können die zur Ausführung des gegenwärtigen Gesetzes erforderlichen Gemeindebeschlüsse bereits innerhalb eines Jahres vor dem Inkrafttreten desselben im Voraus gefaßt und die dadurch bedingten Anordnungen und Entscheidungen der Verwaltungs- und Verwaltungsgerichtsbehörden nach Maßgabe der Bestimmungen dieses Gesetzes getroffen werden.

Ordnungen, welche bis zum Inkrafttreten des gegenwärtigen Gesetzes in Geltung gewesen sind, bleiben — unbeschadet der Bestimmungen im § 23 Absatz 4 und § 37 Absatz 2 — bis zur Abänderung durch rechtsgültigen Gemeindebeschluß oder Anordnung der Aufsichtsbehörde (§ 78) bestehen.

Mit dem Inkrafttreten des gegenwärtigen Gesetzes treten alle demselben entgegenstehenden gesetzlichen Bestimmungen außer Kraft.

Wo in den Gesetzen auf diese Bestimmungen Bezug genommen ist, kommen diejenigen des gegenwärtigen Gesetzes sinnentsprechend zur Anwendung.

Unberührt bleiben die Vorschriften wegen Erhebung von Bürgerrechtsgeldern, Einkaufsgeldern und gleichartigen Abgaben.

Zu Abs. 1: Also am 1. April 1895.

Zu Abs. 3: Die fortgesetzte Gültigkeit früherer Ordnungen und Ortsstatuten kann nur für solche Ortsgesetze in Anspruch genommen werden, welche gültig zustande gekommen sind. Der Mangel der erforderlichen Genehmigung der Aufsichtsbehörde muß im Streitfalle zur Freistellung des die Zahlung verweigernden Censiten führen. So wenn vor dem Inkrafttreten des KAG. ein Ortsstatut, welches von dem Adjazenten die Bürgersteigsherstellungskosten fordert, in Ausführung gebracht wurde, ohne daß die nach § 16 ZG. erforderliche Genehmigung der Ressortminister eingeholt war. OVG. 16. 5. 02 (PrVBl. XXIII S. 690).

§ 97. Der Minister des Innern und der Finanzminister sind mit der Ausführung dieses Gesetzes beauftragt.

Vgl. die Fußnote auf Seite 61.

Urkundlich unter Unserer Höchsteigenhändigen Unterschrift und beigedrucktem Königlichen Insiegel.

Gegeben Neues Palais, den 14. Juli 1893.

(L. S.) Wilhelm.

Gr. zu Eulenburg. v. Boetticher. v. Schelling.
Frhr. v. Berlepsch. Gr. v. Caprivi. Miquel. v. Kaltenborn.
v. Heyden. Thielen. Bosse.

Anlage II.

Gesetz, betreffend die Heranziehung von Militärpersonen zu Abgaben für Gemeindezwecke.

Vom 25. Juni 1886[1]).

Wir Wilhelm, von Gottes Gnaden König von Preußen ꝛc.
verordnen, unter Zustimmung der beiden Häuser des Landtages der Monarchie, was folgt:

§ 1. Die im Offiziersrange stehenden Militärpersonen des Friedensstandes, welche der Heranziehung zur Klassen- oder klassifiz. (jetzt Staats-) Einkommensteuer unterliegen, haben neben den nach den bestehenden Bestimmungen (§ 1 Ziffer 1 der Verordnung vom 23. September 1867, Gesetz-Samml. S. 1648) bereits zu entrichtenden Kommunalabgaben vom Grundbesitz und Gewerbebetrieb von dem aus sonstigen Quellen fließenden außerdienstlichen Einkommen nach Maßgabe der folgenden Bestimmungen eine Abgabe zu Gemeindezwecken zu entrichten.

Ausgedehnt durch § 42 Abs. 2 KAG. auf die Offiziere der Gendarmerie.

§ 2. Gegenstand dieser Besteuerung ist das außerdienstliche selbständige Einkommen der Abgabepflichtigen, unter Hinzurechnung des etwaigen besonderen Einkommens der zu ihrem Haushalte gehörigen Familienglieder. Außer Ansatz bleibt jedoch:

a) dasjenige Einkommen, welches bereits nach den bestehenden Bestimmungen der Kommunalabgabenpflicht unterliegt,

b) in Ansehung der vor dem 1. April 1887 in den Ehestand getretenen Militärpersonen derjenigen Chargen, welche bei Nachsuchung des Heirathskonsenses zur Führung des Nachweises eines bestimmten außerdienstlichen Einkommens verpflichtet sind, der vorschriftsmäßige Satz des letzteren.

Vgl. Nr. 1. des hinter diesem G. abgedruckten G. 22. 4. 92.

§ 3. Der der Veranlagung der abgabepflichtigen Militärpersonen zur Klassen- oder klassifiz. (jetzt Staats-) Einkommensteuer für das betreffende Steuerjahr zu Grunde gelegte Einkommensbetrag, vermindert um den Betrag des nach den §§ 1 und 2 außer Betracht zu lassenden Einkommens, stellt den nach Maßgabe dieses Gesetzes zur Versteuerung gelangenden Einkommensbetrag dar.

---

[1]) Dazu AusfAnw. 9. 6. 92 u. Allg. Verf. 30. 4. 94 (Mitteilung für die Verw. der direkten Steuern Nr. 25 S. 98 u. Nr. 30 S. 105).

Von diesem Einkommensbetrage haben die im § 1 bezeichneten Militärpersonen für Gemeindezwecke an die Gemeinde des Garnisonorts — sofern die Garnison mehrere Gemeindebezirke umfaßt, oder der Abgabepflichtige nicht in dem Garnisonorte selbst wohnt, an die Gemeinde des Wohnorts — eine Abgabe zu entrichten, welche der nach den Bestimmungen der §§ 7 und 20 des Gesetzes vom $\frac{\text{1. Mai 1851}}{\text{25. Mai 1873}}$ (Gesetz-Samml. S. 213) von einem gleichen Jahreseinkommen zu entrichtenden Staatssteuer gleichkommt, mindestens aber den Satz der ersten Stufe der Klassensteuer beträgt.

Die Abgabe ist in den für die Entrichtung der Staatssteuern vorgeschriebenen Raten im Voraus abzuführen. Dem Abgabepflichtigen steht frei, die Abgabe auch für einen längeren Zeitraum bis zum ganzen Jahresbetrage zu bezahlen. Durch die Vorausbezahlung wird die Verpflichtung der Gemeinde zur Erstattung eines ihr nicht gebührenden Abgabebetrages nicht berührt.

Zu Abs. 2: Vgl. Nr. 2 des nachstehend abgedruckten G. 22. 4. 92.

§ 4. Die Feststellung des der Abgabe unterliegenden Einkommensbetrages und die Ermittelung der Steuerstufe erfolgt durch den Vorsitzenden der Einkommensteuer-Einschätzungskommission.

Jetzt der Einkommensteuer-Veranlagungs-Kommission (vgl. Nr. 3 a. a. O.)

§ 5. Jedem Abgabepflichtigen ist die erfolgte Feststellung der Steuerstufe mit dem Betrage der von ihm für das Steuerjahr zu entrichtenden Abgabe durch eine verschlossene Zuschrift bekannt zu machen. Die Benachrichtigung der berechtigten Gemeinde erfolgt durch Mittheilung einer Liste, welche die Personen der Abgabepflichtigen und den von ihnen zu entrichtenden Abgabebetrag nachweist.

Gegen die Feststellung steht dem Abgabepflichtigen, sowie der Gemeinde binnen zwei Monaten vom Empfange der Zuschrift die Beschwerde bei der Bezirksregierung[1]) frei, bei deren Entscheidung es bewendet.

Die Beschwerde hat keine aufschiebende Wirkung.

§ 6. Die Abgabepflicht beginnt mit dem Ersten desjenigen Monats, welcher auf den Monat folgt, in welchem die Ernennung beziehungsweise die Verlegung des Wohnsitzes stattfindet, für die zur Klassen- bezw. klassifiz. (jetzt Staats-) Einkommensteuer einstweilen noch nicht herangezogenen Personen mit dem Zeitpunkt der Heranziehung; sie endet mit dem Ablauf des Monats, in welchem der Abgabepflichtige seinen Wohnsitz in dem Bezirk der berechtigten Gemeinde aufgiebt, versetzt wird, stirbt oder aus dem aktiven Dienst ausscheidet.

§ 7. Die Abgabepflicht ruht während der Zugehörigkeit zur Besetzung eines zum auswärtigen Dienst bestimmten Schiffes oder Fahrzeuges der Kaiserlichen Marine, und zwar vom Ersten desjenigen Monats ab, welcher auf den Monat folgt, in welchem die heimischen Gewässer verlassen werden, bis zum Ablauf des Monats, in welchem die Rückkehr in dieselben erfolgt.

Die Abgabepflicht ruht ferner während der Zugehörigkeit zu einem in der Kriegsformation befindlichen Theile des Heeres oder der Marine vom Ersten desjenigen Monats ab, welcher auf den Monat folgt, in welchem

---

[1]) In Berlin an die Direktion für die Verwaltung der direkten Steuern.

die Zugehörigkeit begonnen hat, bis zum Ablauf des Monats, in welchem dieselbe endet.

§ 8. Ab- und Zugänge am Einkommen während des Jahres, für welches die Veranlagung erfolgt ist, ändern an der einmal veranlagten Abgabe nichts. Nur wenn nachgewiesen werden kann, daß durch den Verlust einzelner Einnahmequellen das veranschlagte abgabepflichtige Einkommen um mehr als den vierten Teil vermindert worden, darf eine verhältnißmäßige Ermäßigung der veranlagten Abgaben gefordert werden.

Ueber den Antrag entscheidet der Vorsitzende der Einkommensteuer-Einschätzungskommission vorbehaltlich der Beschwerde an die Bezirksregierung (§ 5 Abs. 2).

Vgl. Nr. 4 des nachstehend abgedruckten G. 22. 4. 92.

§ 9. Die mit Pension zur Disposition gestellten Offiziere werden, so lange dieselben nicht zum aktiven Dienst wieder herangezogen werden, hinsichtlich der Verpflichtung zur Entrichtung der Gemeindeabgaben den verabschiedeten Offizieren gleichgestellt, die vor dem 1. April 1886 mit Pension zur Disposition gestellten Offiziere jedoch nur dann, wenn ihre Militärpension auf Grund des Reichsgesetzes vom 21. April 1886 (Reichs-Gesetzbl. S. 78) entsprechend erhöht worden ist.

§ 10. Dieses Gesetz gelangt zuerst für das mit dem 1. April 1887 beginnende Steuerjahr zur Anwendung.

Mit der Ausführung werden die Minister des Innern, der Finanzen und des Krieges beauftragt.

Urkundlich unter unserer Höchsteigenhändigen Unterschrift und beigedrucktem Königlichen Insiegel.

Gegeben Bad Ems, den 29. Juni 1886.

(L. S.) Wilhelm.

Fürst v. Bismarck. v. Puttkamer. Maybach. Lucius.
Friedberg. v. Boetticher. v. Goßler. v. Scholz.
Bronsart v. Schellendorf.

Gesetz wegen Abänderung des Gesetzes vom 29. Juni 1886, betr. die Heranziehung von Militärpersonen zu Abgaben für Gemeindezwecke.

Vom 22. April 1892.

Wir Wilhelm, von Gottes Gnaden König von Preußen rc. verordnen unter Zustimmung der beiden Häuser des Landtages der Monarchie, was folgt:

Einziger Paragraph.

Soweit in dem Gesetze, betr. die Heranziehung von Militärpersonen zu Abgaben für Gemeindezwecke, vom 29. Juni 1816 (GS. S. 181) auf die Klassen- und klassifizirte (jetzt Staats-) Einkommensteuer Bezug genommen wird, finden vom 1. April 1892 ab die entsprechenden Vorschriften des Einkommensteuergesetzes vom 24. Juni 1891 (GS. S. 175 nach Maßgabe folgender Bestimmungen Anwendung:

1. Dem außerdienstlichen selbständigen Einkommen der Abgabepflichtigen (§ 2 des Gesetzes vom 29. Juni 1886) ist das Einkommen der zu ihrem Haushalt gehörigen Familienglieder nur nach Maßgabe des § 11 des Einkommensteuergesetzes zuzurechnen.
2. An die Stelle des im § 3 Absatz 2 des Gesetzes vom 29. Juni 1886 im Bezug genommenen Steuertarifs der §§ 7 und 20 des Gesetzes vom $\frac{\text{1. Mai 1851}}{\text{25. Mai 1873}}$ (GS. von 1873 S. 213) tritt der Steuertarif im § 17 des Einkommensteuergesetzes. Bei einem abgabepflichtigen Einkommen bis einschließlich 660 Mark beträgt die Abgabe 2,40 Mark, bei einem solchen von mehr als 660 bis einschließlich 900 Mark beträgt sie 4 Mark.
3. Die Feststellung des der Abgabe unterliegenden Einkommensbetrages und die Ermittelung der Steuerstufe (§ 4 des Gesetzes vom 29 Juni 1886) erfolgen durch den Vorsitzenden der Einkommensteuer-Veranlagungskommission.
4. Die Ermäßigung der veranlagten Abgaben (§ 8 a. a. O.) erfolgt unter Anwendung der Vorschriften im § 58 des Einkommensteuergesetzes.

   Ueber den Antrag auf Ermäßigung entscheidet der Vorsitzende der Einkommensteuer-Veranlagungskommission vorbehaltlich der Beschwerde an die Bezirksregierung (§ 5 Absatz 2 des Gesetzes vom 29. Juni 1886).

Urkundlich unter Unserer Höchsteigenhändigen Unterschrift und beigedrucktem Königlichen Insiegel.

Gegeben Wartburg, den 22. April 1892.

(L. S.) Wilhelm.

Gr. zu Eulenburg. v. Boetticher. Herrfurth. v. Schelling. Freiherr v. Berlepsch. Miquel. v. Kaltenborn. v. Heyden. Thielen. Bosse.

Verordnung, betreffend die Heranziehung der Staatsdiener zu den Kommunal-Auflagen in den neu erworbenen Landestheilen.

Vom 23. September 1867.

Wir Wilhelm, von Gottes Gnaden König von Preußen ꝛc. verordnen für die durch die Gesetze vom 20. September und 24. Dezember 1866 mit Unserer Monarchie vereinigten Landestheile, mit Ausnahme des Gemeindegebietes der Stadt Frankfurt a. M., um die Staatsdiener in diesen Landestheilen bezüglich ihrer Beitragspflicht zu den Kommunalbedürfnissen den Staatsdienern in der übrigen Monarchie nach Maßgabe der Grundsätze des Gesetzes vom 11. Juli 1822 gleichzustellen, auf den Antrag Unseres Staatsministeriums, was folgt:

§ 1. Von allen direkten Kommunalauflagen, sowohl der einzelnen bürgerlichen Stadt- und Landgemeinden, als der weiteren kommunalen Körperschaften (Amtsbezirke, Distriktgemeinden, Armendistrikte, Wegeverbände u. s. w.) und der kreis-, kommunal- und provinzialständischen Verbände, sind vollständig befreit:

1. die servisberechtigten Militärpersonen des aktiven Dienststandes, sowohl hinsichtlich ihres dienstlichen als sonstigen Einkommens; nur zu den auf den Grundbesitz oder das stehende Gewerbe, oder auf das aus diesen Quellen fließende Einkommen gelegten Kommunallasten müssen sie auch beitragen, wenn sie in dem Kommunalbezirk Grundbesitz haben oder ein stehendes Gewerbe betreiben.

   Militärärzte genießen rücksichtlich ihres Einkommens aus einer Civilpraxis die Befreiung nicht;
2. die auf Inaktivitätsgehalt gesetzten oder mit Pension zur Disposition gestellten Offiziere hinsichtlich ihrer Gehalts- und sonstigen dienstlichen Bezüge;
3. die Geistlichen und Elementarlehrer hinsichtlich ihrer Besoldungen und Emolumente, einschließlich der Ruhegehälter, ingleichen die unteren Kirchendiener, wo und soweit den letzteren eine derartige Befreiung seither rechtsgültig zugestanden hat;
4. die verabschiedeten Beamten und nicht zu der Kategorie unter Nr. 2 gehörigen Militärpersonen hinsichts ihrer aus Staatsfonds oder sonstigen öffentlichen Kassen zahlbaren Pensionen und laufen-

den Unterstützungsbezüge, ebenso die Beamten hinsichts ihrer Wartegelder, sofern der jährliche Betrag solcher Bezüge für einen Empfänger die Summe von 250 Rthlr. nicht erreicht;

5. die hinterbliebenen Wittwen und Waisen der unter 1—4 genannten Personen hinsichts ihrer aus Staatsfonds oder aus einer öffentlichen Versorgungskasse zahlbaren Pensionen und laufenden Unterstützungen;
6. die Sterbe- und Gnadenmonate;
7. alle diejenigen Dienst-Emolumente, welche bloß als Ersatz baarer Auslagen zu betrachten sind.

Zu Nr. 1 und 2: Vgl. G. 29. 6. 86 und 22. 4. 92, Anlage II.

Zu Nr. 3: Auch Militär- und Gefängnisanstalts-Geistliche (OVG. 8. 10. 89, Bd. 18 S. 114). Ein Gemeindebeschluß, welcher den Rabbinern bezüglich der Gemeindebesteuerung ihres Diensteinkommens die Rechte der katholischen und evangelischen Geistlichen einräumt, ist gesetzwidrig und deshalb ungültig. OVG. 3. 12. 98 (PrVBl. XX S. 377). — Zu den Elementarlehrern gehören Seminarlehrer nicht. Auch Elementarlehrer, welche an anderen als Volksschulen (Mittelschulen, Vorschulen oder höheren Lehranstalten) unterrichten, haben keinen Anspruch auf diese Steuerbefreiung (OVG. 15. 2. 89, Bd. 17 S. 157). Dagegen ist es hierfür gleichgiltig, ob sie in dem Orte wohnen, in dem sie angestellt sind oder nicht (OVG. 26. 10. 89, Bd. 18 S. 132). Es ist unzulässig, auf die Elementarlehrer den im § 2 statuierten Unterschied zwischen festangestellten und vorübergehend beschäftigten Gehülfen zu übertragen; es kommt nicht darauf an, ob der Elementarlehrer auf Zeit, Widerruf angenommen ist, ob er sein Amt interimistisch oder kommissarisch bekleidet, ob seine Bezüge als Gehalt oder Renumeration zu bezeichnen sind, oder ob er pensionsberechtigt ist. OVG. 17. 3. 97 i. S. Jacobs wider Berlin. — Als Kirchendiener im obigen Sinne gelten in Pommern auch die angestellten evangelischen Kirchenkassenrendanten (OVG. 22. 4. 87, Bd. 15 S. 79). Betreffs der Kirchendiener überhaupt siehe § 4 Abs. 4 StO. u. Anm. zu dem hier folgenden § 2. Die obige Bezeichnung „untere" Kirchendiener drückt keinen Gegensatz zu § 4 StO. aus, sondern ist nur gewählt mit Bezug auf Hannover, wo auch Geistliche als Kirchendiener bezeichnet werden. Nöll S. 316 Anm. 13. — Jüdische Kultusbeamte (Vorsänger) sind weder Kirchendiener noch mittlere Staatsbeamte. Jüdische Schulen, welche lediglich der Erteilung des Religionsunterrichtes dienen, gehören nicht zu den öffentlichen Volksschulen. OVG. 29. 5. 96 (PrVBl. XVIII S. 156).

§ 2. Zu den Beamten im Sinne dieser Verordnung gehören alle, in unmittelbaren Diensten des Staats oder der demselben untergeordneten Obrigkeiten, Kollegien, kommunalen und ständischen Korporationen stehende, mit fester Besoldung angestellte, beziehentlich in Ruhestand getretene öffentliche Beamte, einschließlich der Militär- und Hofbeamten; dagegen nicht diejenigen, welche nur als außerordentliche Gehülfen vorübergehend im öffentlichen Dienst beschäftigt werden.

Zu den Beamten im Sinne dieses § gehören auch die Mitglieder und sonstigen Beamten der kirchenregimentlichen Behörden, d. h. des Ev. Oberkirchenrats und der Konsistorien (OVG. 1. 4. 92, Bd. 22 S. 36). Kirchengemeindebeamte in Berlin (Rendanten, Küster) auch die der Domgemeinde bezw. des Domkirchenkollegiums gehören nicht hierher. OVG. 19. 6. 91 (PrVBl. XII S. 575). Mittelbare Staatsbeamte sind nur die Beamten solcher Kollegien und Korporationen, die entweder als Behörden in die Verfassung des Staates eingreifen oder doch nach ihrer, dem Endzweck des Staates entsprechenden Bestimmung in den Staatsorganismus als dessen Glieder eingefügt sind. OVG. 23. 1. 97 (PrVBl. XVIII S. 231 auch Entsch. Bd. 16 S. 156, 20 S. 39, 19 S. 66. 429). Dahin gehören die Angestellten der Handelskammern und kaufmännischen Korporationen. Auch die Vorsitzenden der Innungs-Schiedsgerichte werden dahin zu zählen sein. — Unter fester Besoldung ist der mit Rücksicht auf das ganze Dienstverhältnis und für dessen Dauer zugesicherte feste Entgelt im Gegensatz zum Stücklohn zu verstehen, wenn auch der Betrag schwankt. OVG. 12. 12. 88 (Bd. 17 S. 262).

§ 3. Die Beamten (§ 2) können von ihrem Diensteinkommen einschließlich der Warte- und Ruhegehälter, ebenso die Militärpersonen von ihren Pensionen — wenn nicht ein Fall der gänzlichen Befreiung nach § 1 vorliegt — zu direkten Kommunal-Auflagen (§ 1) nur insoweit herangezogen werden, als diese von allen Pflichtigen nach dem Maßstabe des persönlichen Einkommens erhoben werden.

§ 4. Das Diensteinkommen wird in solchen Fällen nur halb so hoch, als anderes gleich hohes persönliches Einkommen der Steuerpflichtigen veranlagt.

Wenn die Veranlagung nicht unmittelbar den Einkommensbetrag zur Grundlage hat, so ist, unter Genehmigung der Aufsichtsbehörde des besteuernden kommunalen Verbandes, das Einschätzungsverfahren dergestalt besonders zu regeln, daß der vorstehende Grundsatz analog zur Anwendung kommt.

Das Diensteinkommen von zufälligen Emolumenten wird gleich dem festen Gehalte besteuert; zu diesem Behufe wird nöthigenfalls der Betrag derselben in runder Summe durch die vorgesetzte Dienstbehörde festgestellt.

§ 5. An kommunalen Auflagen aller Art (§ 1) dürfen äußersten Falls, im Gesammtbetrage, bei Besoldungen (§ 3) unter 250 Thaler nicht mehr als Ein Prozent, bei Besoldungen von 250 bis 500 Thaler ausschließlich nicht mehr als anderthalb Prozent, und bei höheren Besoldungen nicht mehr als zwei Prozent des gesammten Diensteinkommens jährlich gefordert werden.

Die hiernach etwa nöthige Ermäßigung der nach § 4 berechneten Steuerbeträge trifft, im Fall der Konkurrenz mehrerer kommunaler Verbände, die zuletzt zur Hebung gestellte Forderung, mehrere noch nicht entrichtete Forderungen aber nach dem Verhältniß ihrer Höhe.

§ 6. Auf Staatssteuern und Staatslasten, welche gemeindeweise abgetragen werden, finden die Bestimmungen dieser Verordnung keine Anwendung.

§ 7. Die gemäß §§ 3—5 den Staatsdienern obliegende Beitragspflicht zu den Kommunalabgaben erstreckt sich auf alle diejenigen Beträge der letzteren, welche innerhalb der Zeit, da der Pflichtige dem betreffenden kommunalen Verbande angehört, auf ihn vertheilt und auch fällig werden, nicht aber auf später fällige.

§ 8. (Jeder Beamte ist bezüglich der Kommunalbesteuerung seines Diensteinkommens als Einwohner desjenigen Gemeindebezirks zu betrachten, in welchem die Behörde, der er angehört, ihren Sitz hat.)

Aufgehoben durch § 12 G. 27. 7. 85; vgl. auch § 41 KAG.

§ 9. Von ihrem etwaigen besonderen Vermögen haben auch die nach § 3 begünstigten Staatsdiener, ebenso die Offiziere der unter § 1 Nr. 2 bezeichneten Kategorie, die Geistlichen und Elementarlehrer, ihre Beiträge zu den Kommunallasten gleich anderen Angehörigen der betreffenden Verbände zu entrichten.

§ 10. (Durch die nach den vorstehenden Bestimmungen zu bemessenden Geldbeiträge sind die Pflichtigen zugleich von persönlichen Kommunaldiensten frei. Sind sie jedoch Besitzer von Grundstücken, oder betreiben sie ein stehendes Gewerbe, so müssen sie die mit diesem Grundbesitz oder Gewerbe verbundenen persönlichen Dienste entweder selbst oder durch Stellvertreter leisten.

Geistliche und Elementarlehrer bleiben von allen persönlichen Gemeindediensten, soweit dieselben nicht auf ihnen gehörigen Grundstücken lasten, befreit; untere Kirchendiener insoweit, als ihnen diese Befreiung seither rechtsgültig zustand.)

Ersetzt durch § 68 Abs. 6 KAG.

§ 11. Zu den indirekten Gemeindeabgaben müssen auch die nach §§ 1—5 begünstigten Personen gleich anderen Gemeinde-Einwohnern beitragen. Sie sind nicht befugt, was sie hierauf entrichten, bei ihren direkten Kommunalbeiträgen in Anrechnung zu bringen.

Die Militär-Speise-Einrichtungen und ähnliche Anstalten bleiben indessen von Verbrauchssteuern in dem, in den altpreußischen Landestheilen bestehenden Umfange befreit.

Zu Abs. 2: Vgl. § 19 KAG.

§ 12. Alle entgegenstehenden gesetzlichen Bestimmungen werden aufgehoben.

Wo jedoch weitere Immunitäten für Beamte, Militärs, Geistliche oder Lehrer nach statutarischem Recht oder besonderen Privilegien bestehen, soll in denselben hierdurch nichts geändert werden.

§ 13. Gegenwärtige Verordnung tritt mit dem 30. September d. J., unter Anwendung auf alle von diesem Tage an zur Ausschreibung gelangenden direkten Kommunal-Auflagen, in Kraft.

Der Minister des Innern wird mit Ausführung derselben beauftragt.

Urkundlich unter Unserer Höchsteigenhändigen Unterschrift und beigedrucktem Königlichen Insiegel.

Gegeben Baden-Baden, den 23. September 1867.

(L. S.) Wilhelm.

Gr. v. Bismarck-Schönhausen. Frh. v. d. Heydt.
v. Selchow. Gr. zu Eulenburg.

Gesetz wegen Beseitigung der Doppelbesteuerung.

Vom 13. Mai 1870.

(Bundes-Gesetzblatt S. 119.)[1]

§ 1. Ein (Nord) Deutscher darf vorbehaltlich der Bestimmungen in den §§ 3 und 4 zu den direkten Staatssteuern nur in demjenigen Bundesstaate herangezogen werden, in welchem er seinen Wohnsitz hat.

Einen Wohnsitz im Sinne dieses Gesetzes hat ein (Nord) Deutscher an dem Ort, an welchem er eine Wohnung unter Umständen inne hat, welche auf die Absicht der dauernden Beibehaltung einer solchen schließen lassen.

§ 2. Ein (Nord) Deutscher, welcher in keinem Bundesstaate einen Wohnsitz hat, darf nur in demjenigen Staate, in welchem er sich aufhält, zu den direkten Staatssteuern herangezogen werden.

Hat ein (Nord) Deutscher in seinem Heimathsstaate und außerdem in anderen Bundesstaaten einen Wohnsitz, so darf er nur in dem ersteren zu den direkten Staatssteuern herangezogen werden.

In Bundes- oder Staatsdiensten stehende (Nord) Deutsche dürfen nur in demjenigen Bundesstaate besteuert werden, in welchem sie ihren dienstlichen Wohnsitz haben.

§ 3. Der Grundbesitz und der Betrieb eines Gewerbes, sowie das aus diesen Quellen herrührende Einkommen darf nur von demjenigen Bundesstaate besteuert werden, in welchem der Grundbesitz liegt oder das Gewerbe betrieben wird.

§ 4. Gehalt, Pension und Wartegeld, welche (Nord) Deutsche Militärpersonen und Civilbeamte, sowie deren Hinterbliebene aus der Kasse eines Bundesstaates beziehen, sind nur in demjenigen Staate zu besteuern, welcher die Zahlung zu leisten hat.

§ 5. An den Wirkungen, welche der Wohnsitz oder Aufenthalt außerhalb des Bundesgebiets auf die Steuerpflichtigkeit eines (Nord) Deutschen äußert, wird durch das gegenwärtige Gesetz nichts geändert.

§ 6. Gegenwärtiges Gesetz tritt mit dem 1. Januar 1871 in Wirksamkeit.

---

[1]) Dieses Gesetz betrifft nur Staatssteuern, ist aber oben zu § 3 StO. und § 35 KAG. zitiert. — Eine Beseitigung der Doppelbesteuerung ist ferner durch Vertrag mit Österreich vom 21. 6. 99 u. G. 18. 4. 00 (G.-S. S. 259) nebst AusfB. 21. 4. 00 vorgesehen. Unter Österreich ist die Gesamtheit der Länder Ober- und Niederösterreich, Salzburg, Tirol, Vorarlberg, Steiermark, Kärnten, Krain, Triest, Istrien, Görz und Gradiska, Dalmatien, Böhmen, Mähren, Österreichisch-Schlesien, Galizien und Bukowina zu verstehen.

Anlage V.

Verhältniß der Real- und der Einkommensteuer-

Realsteuerbelastung (in Prozenten der vom Staate veranlagten Realsteuern)	Mindestbetrag	Höchster Betrag	Realsteuerbelastung (in Prozenten der vom Staate veranlagten Realsteuern)	Mindestbetrag	Höchster Betrag
	der Einkommensteuerbelastung (in Prozenten der Staatseinkommensteuer)			der Einkommensteuerbelastung (in Prozenten der Staatseinkommensteuer)	
101	67⅓	101	126	84	126
102	68	102	127	84⅔	127
103	68⅔	103	128	85⅓	128
104	69⅓	104	129	86	129
105	70	105	130	86⅔	130
106	70⅔	106	131	87⅓	131
107	71⅓	107	132	88	132
108	72	108	133	88⅔	133
109	72⅔	109	134	89⅓	134
110	73⅓	110	135	90	135
111	74	111	136	90⅔	136
112	74⅔	112	137	91⅓	137
113	75⅓	113	138	92	138
114	76	114	139	92⅔	139
115	76⅔	115	140	93⅓	140
116	77⅓	116	141	94	141
117	78	117	142	94⅔	142
118	78⅔	118	143	95⅓	143
119	79⅓	119	144	96	144
120	80	120	145	96⅔	145
121	80⅔	121	146	97⅓	146
122	81⅓	122	147	98	147
123	82	123	148	98⅔	148
124	82⅔	124	149	99⅓	149
125	83⅓	125	150	100	150

belastung nach § 54 des Kommunalabgabengesetzes.

Realsteuerbelastung (in Prozenten der vom Staate veranlagten Realsteuern)	Mindestbetrag	Höchster Betrag	Realsteuerbelastung (in Prozenten der vom Staate veranlagten Realsteuern)	Mindestbetrag	Höchster Betrag
	der Einkommensteuerbelastung (in Prozenten der Staatseinkommensteuer)			der Einkommensteuerbelastung (in Prozenten der Staatseinkommensteuer)	
151	100⅔	152	176	117⅓	202
152	101⅓	154	177	118	204
153	102	156	178	118⅔	206
154	102⅔	158	179	119⅓	208
155	103⅓	160	180	120	210
156	104	162	181	120⅔	212
157	104⅔	164	182	121⅓	214
158	105⅓	166	183	122	216
159	106	168	184	122⅔	218
160	106⅔	170	185	123⅓	220
161	107⅓	172	186	124	222
162	108	174	187	124⅔	224
163	108⅔	176	188	125⅓	226
164	109⅓	178	189	126	228
165	110	180	190	126⅔	230
166	110⅔	182	191	127⅓	232
167	111⅓	184	192	128	234
168	112	186	193	128⅔	236
169	112⅔	188	194	129⅓	238
170	113⅓	190	195	130	240
171	114	192	196	130⅔	242
172	114⅔	194	197	131⅓	244
173	115⅓	196	198	132	246
174	116	198	199	132⅔	248
175	116⅔	200	200	133⅓	250

Sachregister.

Die Zahlen bezeichnen die Seite, die fettgedruckten verweisen auf die Stelle, wo der Gegenstand hauptsächlich behandelt wird.

A.

C.

D.

H.

W.

GPSR Compliance

The European Union's (EU) General Product Safety Regulation (GPSR) is a set of rules that requires consumer products to be safe and our obligations to ensure this.

If you have any concerns about our products, you can contact us on ProductSafety@springernature.com

In case Publisher is established outside the EU, the EU authorized representative is:

Springer Nature Customer Service Center GmbH
Europaplatz 3
69115 Heidelberg, Germany

Batch number: 10844627

Printed by Printforce, the Netherlands